彩图 1 爱因斯坦塑像（美国），右为本书作者。

彩图 2 第 20 届 IPhO 中国队队员（左起）毛甬、邱东昱、葛宁、林晓帆、燕京，1989 年于波兰华沙。

彩图 3 第 21 届 IPhO 中国队队员(左起)周纲、陈伯友、吴明扬、杨巍、段志勇，1990 年于荷兰格罗宁根。

彩图 4 第 22 届 IPhO 中国队队员，左起为王泰然、吕强、冰岛两领队、任宇翔、夏磊、宣佩琦，1991 年于古巴哈瓦那。

彩图 5 第 23 届 IPhO 中国队队员(左起)陈涵、罗卫东、李翌、石长春、张霖涛,1992 年于芬兰赫尔辛基。

彩图 6 第 24 届 IPhO 中国队队员,左起为黄稚宁、李林波、导游、贾占峰、韦韬、张俊安,1993 年于美国威廉斯堡。

彩图 7　第 25 届 IPhO 中国队队员,左起为舒幼生(领队)、朱世嘉(教学领队)、杨亮、饶京翔、W.Gorzkowski(IPhO 秘书长)、赵凯华(组委会秘书长)、黄英、韩岩、田涛,1994 年于北京。

彩图 8　第 26 届 IPhO 中国队队员(左起)毛蔚、於海涛、谢小林、蒋志、倪彬,1995 年于澳大利亚堪培拉中国大使馆。

彩图9 第27届 IPhO 中国队队员（中后排左起）张蕊、陈汇钢、倪征、徐开闻、刘雨润与伊朗队员在一起，1996年于挪威奥斯陆。

彩图10 第23届 IPhO 中国队队员陈涵荣获金牌第1名特别奖。

彩图11 赛间嬉闹(芬兰赫尔辛基技术大学)。

彩图12 第25届IPhO在北京举行。外国参赛队员向中国学生请教怎样包饺子(北京大学附中)。

彩图 13 1993 年第 24 届 IPhO 在美国威廉斯堡举行。这是学生代表列队准备参加闭幕仪式。

彩图 14 1993 年第 24 届 IPhO 告别晚宴(美国威廉-玛丽学院)。

彩图 15 第 26 届 IPhO 竞赛期间,领队们在工作(澳大利亚堪培拉大学)。前排右一为舒幼生,右二为朱世嘉。

彩图 16 鉴于 IPhO 在促进物理教育进步和推动国际交流上取得的成绩,国际物理教育委员会(ICPE)于 1991 年 10 月向 IPhO 颁发了永久性的铜质奖章,轮流由主办国保存。

彩图 17 第 25 届 IPhO 于 1994 年 7 月在北京举行,这是当届竞赛的会标。

彩图 18 第 38 届 IPhO 于 2007 年 7 月在伊朗伊斯法罕举行。照片前排四位是中国队这一届的参赛老师：左二起为带队老师(南京大学)王思慧、周进、秦亦强,左一为观察员荀坤(北京大学)。

彩图 19 第 39 届 IPhO 于 2008 年 7 月在越南河内举行。中国队队员(左起)廉骉、周权、毕震、谭隆志和贺卓然。

彩图 20　第 40 届 IPhO 于 2009 年 7 月在墨西哥梅里达举行。中国队队员(左二起):林倩、史寒朵、管紫轩、熊照熙和雷进。带队老师:王若鹏(左一)、荀坤(右二)、陈晓林(右一)。

彩图 21　第 41 届 IPhO 于 2010 年 7 月在克罗地亚萨格勒布举行。返回首都机场时的中国队队员(左起):张涌良、靖礼、俞颐超、于乾和吴俊东。

彩图 22　第 42 届 IPhO 于 2011 年 7 月在泰国曼谷举行。中国队队员(后排左起)：易可欣、向重远、王逸飞、杨帆和李蓝青。前排为带队老师(左起)：陈晓林、苟坤、刘树新和张朝晖。

彩图 23　第 43 届 IPhO 于 2012 年 7 月在爱沙尼亚塔林和塔尔图两地举行。中国队队员(左起,左四为导游)周恒昀、卫斯远、舒驰、姜一君和黄文卓。

彩图 24 第 48 届 IPhO 于 2017 年 7 月在印度尼西亚日惹特区举行。中国队队员:洪千坦(左二)、高昊阳(左三)、汪品源(右四)、王准(右三)和郑希诠(右二)。领队老师为穆良柱(左一)和杨景(右一)。

彩图 25 2020 年 IdPhO 以分考场形式在各国举行,中国队考场设在北京大学。中国队队员(左起)李世昌、张意飞、孙睿、韩永琰和欧阳霄宇。

国际物理奥林匹克史话

舒幼生 ◎著

北京大学出版社
PEKING UNIVERSITY PRESS

图书在版编目 (CIP) 数据

国际物理奥林匹克史话 / 舒幼生著 . — 北京：北京大学出版社，2023.2
ISBN 978-7-301-33583-3

Ⅰ.①国⋯　Ⅱ.①舒⋯　Ⅲ.①中学物理课 – 竞赛 – 史料 – 世界　Ⅳ.① G634.7

中国版本图书馆 CIP 数据核字 (2022) 第 211265 号

书　　　名	国际物理奥林匹克史话 GUO JI WULI AOLINPIKE SHIHUA
著作责任者	舒幼生　著
责 任 编 辑	顾卫宇
标 准 书 号	ISBN 978-7-301-33583-3
出 版 发 行	北京大学出版社
地　　　址	北京市海淀区成府路 205 号　100871
网　　　址	http://www.pup.cn　新浪微博：@ 北京大学出版社
电 子 信 箱	zpup@pup.pku.edu.cn
电　　　话	邮购部 010-62752015　发行部 010-62750672　编辑部 010-62752021
印 刷 者	大厂回族自治县彩虹印刷有限公司
经 销 者	新华书店
	787 毫米 ×1092 毫米　A5　5.375 印张　彩插 12　162 千字 2023 年 2 月第 1 版　2023 年 2 月第 1 次印刷
定　　　价	22.00 元

未经许可，不得以任何方式复制或抄袭本书之部分或全部内容。
版权所有，侵权必究
举报电话：010-62752024　电子信箱：fd@pup.pku.edu.cn
图书如有印装质量问题，请与出版部联系，电话：010-62756370

序

大约十年前，舒幼生老师曾提议，我俩一起把他写的《国际物理奥林匹克史话》(以下简称《史话》)这本书更新再版，遗憾的是，我们当时都比较忙，导致舒老师的提议未能付诸行动。

前不久，北京大学出版社提议，让我为舒老师《史话》的再版写个序。这对我来说，既是荣幸，也是弥补我未能和舒老师一起更新再版这本书的缺憾。

在物理学界，中学生物理竞赛分为三个层次：全国中学生物理竞赛(CPhO, Chinese Physics Olympiad)、亚洲物理奥林匹克(APhO, Asian Physics Olympiad)和国际物理奥林匹克(IPhO, International Physics Olympiad)。

四十多年前，中国正处于改革开放的初期。舒老师作为教师，我作为学生，我们差不多同时来到北京大学物理系。此后不久，舒老师就一直是我的老师、同事和朋友。

舒老师是我国物理学教育和人才培养的老前辈。在我担任北京大学物理学院本科生培养负责人和北京物理学会负责人期间，我们考查、择优选拔中学生的试题和含北京市在内的全国部分地区的大学生物理竞赛试题都请舒老师担任主要命题人。

从2007年11月开始，北京大学物理学院连续五年负责全国中学生物理竞赛集训队的培训、选拔和带队参加APhO和IPhO的工作，舒老师担任集训队的总教练，我担任领队。从那时起，我就在舒老师的直接指导下学习、教学和工作。2008年春季学期，舒幼生和我一起给其中包括如数学学院2007级等学科专业的学生上"普通物理(上)"课程，舒老师讲力学部分，我讲电磁学部分，遇到问题，我经常向舒老师请教，得到了舒老师的很多指导和帮助。此外，我也多次跟随舒老师到全国各地的中学和物理竞赛现场招生，在工作过程中，向舒老师学习如何现场命题，如何通过现场和学生交流判断学生的知识水平、学习能力和发展潜力。在我和舒老师长期一起工作的过程中,我从舒老师那里也学了很多。

《全国中学生物理竞赛章程》写道:"全国中学生物理竞赛的目的是激发学生学习物理的兴趣和主动性,促使他们改进学习方法,增强学习能力;帮助学校开展多样化的物理课外活动,提高青少年学生的素养。"中学生物理竞赛吸引更多的学生参与物理科学的学习与实践,增强物理科学的学习、探究活动的群众性;同时,物理竞赛还促进了青少年中的科学知识的普及和物理人才的成长,为我国后续物理人才选拔、培养和成才打下了较为宽广的基础。

IPhO 的宗旨是通过组织国际中学生物理竞赛来"促进学校物理教育国际交流的发展",以强调"物理学在一切科学技术和青年的普通教育中日益增长的重要性。"

此项竞赛于 1967 年在波兰华沙首次举办,起初仅东欧 5 国参加,后扩展到包括苏联在内的 8 个国家。

之后,IPhO 逐渐扩大。自 1967 年第一届国际物理奥赛至今,除了有三年因故停办之外,国际奥赛每年举办一次,到今年(2022 年)已举办了 52 届(不含 2020 年的国际分布式奥林匹克竞赛)。经过 52 届的成功举办,IPhO 的国际声望越来越高,它的作用已被联合国教科文组织和欧洲物理学会所肯定。国际物理教育委员会(ICPE)于 1991 年向 IPhO 颁发了永久性的铜质奖章,轮流由举办方保存。最近这些年,每次参赛国家和地区约 80 多个,参赛学生大多近 400 人。

第 17 届 IPhO 于 1986 年在英国伦敦举办,中国队由北京大学物理系的赵凯华、陈熙谋老师带队首次参加这项竞赛。第 20 届 IPhO 于 1989 年在波兰华沙举行。从那时起,舒老师和其他北京大学的老师连续八年带领中国队参加 IPhO。2007 年至 2012 年、2017 年和 2020 年 7 年中,舒老师再次作为我们集训队的总教练或顾问,指导培训、选拔和参赛工作。舒老师对中国参与 APhO 和 IPhO 的赛事做出了特别大的贡献。

在与舒老师的长期合作、共事中,舒老师的真诚、正直,对学生的关爱和对工作的热情对我的影响很大。我们在一起几乎是无话不说，即使是物理学科以外的话题，我们彼此也都能深入交流并相互理解和帮助。

《史话》由作者这样的物理竞赛老前辈根据自己的亲身经历写成。书如其人，从 IPhO 的历史、中国代表队的组建和培训、世界上其他地方的奥林匹克竞赛直到赛事的举办，舒老师都做了真实、有趣的记录。舒老师虽然也长期参与、指导我们国家在 APhO 的赛事，但《史话》涉及这方面的内容相对很少，其主要内容均集中在 IPhO 方面。我很期待舒老师将来精力允许时能补上这一不足。《史话》既是一本有关奥林匹克物理竞赛的书，同时还是一本关于物理试题分析和讲解的书；这和舒老师长期的风格一致：他把对自然奥秘的理解、人才培养和富有启发性的问题融为一体，使我们在分析解决舒老师提出的问题时，对自然的理解在潜移默化中得到提升。舒老师把他对物理竞赛的见闻和理解写在这里，这对于希望了解物理竞赛的青年教师和学生，将是非常合适的入门读物。从书中，我们也能体会到一位老一辈物理教育工作者对物理学科和物理教育的热爱，以及对新一代教师和青年学生的殷切期望。愿我们从舒老师的书中吸取营养，以物理教育为载体，在青少年中更好地普及科学知识、培养科学文化和科学精神，从青少年开始，为提高全民族的科学素质打下基础。

陈晓林
2022 年 10 月于北京

前　言

国际物理奥林匹克(International Physics Olympiad,缩写为IPhO)自1967年在波兰华沙首次举办,到1999年恰满30届。我国于1986年选出3名学生组成不足员(足员为5名选手)的代表队,由赵凯华教授和陈熙谋教授带领,加盟IPhO。此后,每年派出足员代表队前往,至今共历14届赛事,中国队所得成绩较好。物理学习优秀的中学生多以能参加IPhO为荣,出版界随之有所动作,筹划出书。考虑到北京大学教员负责此项工作11年,编写者即被从中圈定,书名《国际物理奥林匹克史话》。

"史话"写史不可过于文牍,在简单述及历史之后,更多的是通过赛事内容的展开来记载和介绍IPhO。各国(地区)代表队为赛事主体,"史话"不必求全,笔墨所触自然多是中国队。代表队的选拔无疑是IPhO活动的外延,对学生而言,参与选拔本身也是一项竞赛,中学物理教育界对其公正性有所关注,当在情理之中。长久以来,未有机会将过去选拔规则的确立经过写成文字,造成误解在所难免,如今遂成史料。传统讲究非此即彼,中国队的培训宜划归为素质教育还是应试教育,又成为周围关心的焦点,"史话"于此当有作者个人的陈述。中国队的参赛成绩尤其在金牌得主所属的省市已有广泛宣传,既为"史话",仍有必要以平常心态做一客观记载。

"史话"有话,8年带队参赛却懒于笔耕,从未记下什么,赛场趣闻杜撰不得,述事说人多凭事后回忆,必定是:述,远不及正史;说,更不如戏文。所幸与学生长期相处,回忆所及更多师生之情,读来或许会有真实感。"史话"中的学生,首先是集训队或试验班的学生,他们是全国物理学习优秀学生中的极少部分。从中选出5名队员,更为少数中的少数。就竞赛结果而言,他们无疑是成功者。但是科学知识范围宽广,物理学习只是一个方面;人生道路漫长,与未来事业相比,竞赛获奖只是一次经历。凡是对科学感兴趣的中学生，当以科学态度看待"史话"中的成功者。

　　学科上取得成功的因素很多，勤奋之外便是兴趣和机遇，于竞赛、于事业均是如此。美籍华裔学者崔琦因实验上发现分数量子霍尔效应而获1998年度诺贝尔物理学奖。据凤凰卫视中文台报道，他不久前在访问香港中文大学时，坦诚地告诉提问者，自己一直喜欢做实验，只是觉得好玩，没曾想到最后会得了诺贝尔奖。这便是兴趣，兴趣可以促成持久的努力。美国物理学家劳夫林(R. B. Laughlin)对分数量子霍尔效应作出了理论解释，与崔琦分享诺贝尔物理学奖。北京大学物理系96级学生钱江，转学斯坦福大学后受教于劳夫林，钱江和几个同学曾向他请教如何获得成功。这位教授风趣地介绍："你要经常去参加学术会议，注意哪一位在实验上得出什么结果。回来好好想一想，如果想不出什么，就再去听一个实验结果，回来再想。也许想出点东西，写下来，刚要寄出去却发现自己搞错了。于是再去听一个实验结果，回来再想，这次真的想出点名堂来了，整理出一篇文章，塞进邮筒，结果就得了诺贝尔奖。"这就是机遇。努力寻找，机遇便会增多。

　　中学生读者，在你读完这本"史话"，心中为成功者鼓过掌之后，如果自己也能在学习中注意培养兴趣，就像崔琦那样乐在其中；未来一旦机遇出现，再像劳夫林那样锲而不舍，那么更大的成功也有可能会属于你。

舒幼生
1999年12月于北京

目 录

国际物理奥林匹克(IPhO)简史 …………………………… (1)
1. IPhO 的诞生 ………………………………………… (1)
2. IPhO 的发展 ………………………………………… (4)
3. IPhO 的机构 ………………………………………… (9)
4. IPhO 的章程 ………………………………………… (12)
5. IPhO 的考纲 ………………………………………… (22)

中国代表队的组建和培训 ………………………………… (31)
1. 全国竞赛 …………………………………………… (31)
2. 集训队与试验班 …………………………………… (39)
3. 选拔考试 …………………………………………… (57)
4. 赛前培训 …………………………………………… (70)

物理竞赛在世界各地 ……………………………………… (85)
1. 世界各地赛事 ……………………………………… (85)
2. IPhO 代表队的培训 ………………………………… (98)

一年一度的赛事 …………………………………………… (103)
1. 繁忙的东道主 ……………………………………… (103)
2. 有序的赛程 ………………………………………… (110)
3. 快活的队员 ………………………………………… (119)
4. 忙碌的领队 ………………………………………… (131)
5. 隆重的颁奖仪式 …………………………………… (144)

附录一 第 1~52 届 IPhO 的举办时间、地点及东道主 …… (151)
附录二 历届 CPhO 简介 ………………………………… (154)
附录三 IPhO 中国队得奖一览表 ………………………… (158)

国际物理奥林匹克(IPhO)简史

1. IPhO 的诞生

武侠小说中常有争强好胜者,设擂台挑战天下高手。早期从事物理研究工作的斯文学者,偶尔也会萌发类似的激情,欲在学科的某个兴奋点上与同行们较量一番。

与 Newton(牛顿)[①]同时代的物理学家和数学家 Johann Bernoulli(约翰·伯努利),在 1696 年 6 月号的《教师月报》上,提出了当时被称为"最速降线"的问题,作为向其他物理学家和数学家的挑战。问题要求在一个竖直平面内,找出从一个给定点 P_1 到不是在它正下方的另一个点 P_2 的一条曲线轨道,使得小球(可处理为一个质点)沿此轨道从 P_1 下滑到 P_2 所用的时间最短。这里假设小球在 P_1 处的初始下滑速度是给定的,且忽略摩擦和空气阻力。在当时,它确实是一道极有趣且富有挑战性的题目,因为 Galileo(伽利略)早在 1630 年和 1638 年就已经系统地研究过这个问题,给出的答案是圆弧曲线,此结果已被确认是错误的。对 Johann Bernoulli 的挑战,Newton、Leibniz(莱布尼兹)、L'Hospital 以及 Johann 的哥哥 James(詹姆士)等各自努力,都成功地找到了正确的答案,即一条向下凸的滚轮线,也称为摆线。所有这些解法,都发表在 1697 年 5 月号的《教师月报》上。在这里稍微解释一下,所谓滚轮线就是沿平直轨道做纯滚动的车轮边缘上任何一点的动迹线,这样一条动迹线显然是向上凸的,将它绕着平直轨道向下翻转 180°,便成为向下凸的滚轮线。如果平直轨道是水平的,向下凸的滚轮线便左右对称。将小球

---

① 外国人名均写原文,对我国中学生读者熟悉的知名人物,在第一次出现的原文人名后用括号给出中文译名。

放在这一曲线轨道内侧的任一位置,静止释放后,小球便会往返滚动,或者说往返摆动。若是没有一切阻力,摆动周期必与初始位置无关。于是向下凸的滚轮线又可称为摆线,小球在其上的摆动称为等时摆。等时摆是荷兰物理学家 Huygens(惠更斯)首先发现的,若原滚轮的半径为 R,那么对应的等时摆的周期为 $T=4\pi(R/g)^{1/2}$。曾经试验过,在已给等时摆具有等时性的前提下,参加物理竞赛的少部分学生,能想出纯中学的方法求得上述周期公式。

回到由 Johann Bernoulli 挑起的那场关于最速降线的"擂台"赛,若是根据各位高手的表现,要给他们打分的话,相信研究物理学史的专家会把最高分判给 Bernoulli 兄弟。兄长 James 的解法尽管麻烦,却具有普遍意义,而且在这基础上,诞生了一门新的数学分支——变分法,现在的大学理论力学课程中,几乎都是采用变分法来求解最速降线的。弟弟 Johann 作为挑战者,当然已经解决了这一问题,他所用的方法非常巧妙、简捷,归纳起来,一是速度分析,二是光学类比。小球从给定高度点出发,以确定的初始速率不受阻力地运动时,其运动速率仅由所到处的高度唯一确定;光在不同媒质中的行进速度由媒质折射率 n 确定,如果媒质折射率 n 随高度连续变化,那么光行进速度也仅由高度唯一确定,这就是速度分析。小球在重力场中的最速降线问题,可以模拟为光在媒质折射率 n 随高度做相应变化的竖直平面上的最速行进路线问题。由几何光学中著名的 Fermat(费马)原理可知,光的真实行进路线必定是最速路线。根据这一原理可以导出光的折射定律,由折射定律则可确定折射率 n 随高度连续变化时光行进的最速曲线,于是就得到了小球在重力场中的最速降线,这就是光学类比。

行文至此,忆起一段往事。第 24 届 IPhO 中国代表队队员韦韬在阅读 Morris Kline 所著《古今数学思想》第 2 册(上海科学技术出版社,1979 年 8 月版)时,得知 Galileo 曾不正确地认为圆弧曲线是最速降线,出于对 Galileo 的崇敬,他和第 23 届 IPhO 中国代表队队员李翌、石长春想证明圆弧曲线必定比直线段省时。当然他们猜测 Galileo 也许已证明这一结果,但还是希望能自己想办法,而且是用初等的方法进行证明,为的是可以介绍给中学生读者。他们做到了这一点,所用的方法正是速度分析法,同时运用了平面几何证题中添加辅助线的技巧,成文后,以"伽利略快速圆弧问题"为篇名,刊登在一本中学生读物上。

Johann Bernoulli 的挑战,引发的是在学者之间进行的一次课题研究竞赛;当今的国际物理竞赛,则是由教师命题,组织世界各地优秀中学生参加的物理学科竞赛。

中学生的学科竞赛事实上起源于入学考试。在希望进入大学学习的高中毕业生人数多于可被录取的人数时,竞赛性的入学考试有助于选拔优秀者入学。

最早的物理竞赛出现在 1916 年,由匈牙利数学会和物理学会发起并组织了第 1 次全国性的物理竞赛。到了 1923 年,在匈牙利,由学校出面组织一年一度的不同学科(包括自然科学、人文、经济学及其他实用科学)的竞赛。所有这些竞赛中的获奖者都可以优先进入大学学习,因此受到了学生们的普遍欢迎。后来,各类竞赛在其他一些国家相继出现,并逐渐着重于激发学生的学科兴趣。尽管如此,在若干国家和地区竞赛的保送性质延续至今。在苏联,第 1 届物理竞赛于 1939 年举行。波兰和捷克斯洛伐克分别于 1951 年和 1959 年举办第 1 届全国性物理竞赛。在我国,学科竞赛起步较晚,全国性的中学生物理竞赛从 1984 年开始,每年举行一次。

物理竞赛在东欧各国的成功开展,激起了捷克斯洛伐克的 R. Kostial 教授、匈牙利的 R. Kunfalvi 教授和波兰的 C. Scistowski 教授组织国际性物理竞赛的构想。他们中的每一位都认真研究了在自己国家举办第 1 届国际赛事的可能性,最后取得共识,认定波兰可以为这样一次盛会提供最良好的条件和营造最热情的气氛。赛前几个月,东道主波兰向所有东欧国家发出了邀请。捷克斯洛伐克、匈牙利、保加利亚和罗马尼亚接受了邀请。邀请信中要求每支竞赛队由 3 名中学生队员和 1 名成人领队组成,竞赛按波兰全国物理竞赛决赛模式进行,一天考理论,一天考实验。1967 年,由波兰主办、5 国参加的首届国际物理竞赛在波兰首都华沙正式举行。据说,这是一次令人愉快的家庭式的聚会。理论考 3 道题,实验考 1 道题,题目都不难,其间还组织各代表队到波兰的克拉科夫、格但斯克和海上进行了游览,队员和领队们的心情自然十分愉快。至此,国际性物理竞赛正式产生,东道主安排的旅游活动也就成为国际赛事中一个令人感兴趣的项目。

第1届国际物理竞赛有7名学生获计名次的奖,4名学生获表扬奖,余下4名未获奖。匈牙利学生 Sandor Szalay 荣获个人第1名。

国际物理竞赛的正式名称为国际物理奥林匹克,它的英文全名是 International Physics Olympiad,缩写为 IPhO,1967 年是 IPhO 的诞生年。

2. IPhO 的发展

华沙聚会后,匈牙利的 R. Kunfalvi 教授开始筹办第 2 届 IPhO。首届赛事的成功,引起了苏联、德意志民主共和国和南斯拉夫物理教育界人士和政府官员的关注,欣然报名组队参赛,加上原有的 5 国代表队,1968 年的夏天,共有 8 支代表队参加在匈牙利首都布达佩斯举行的第 2 届国际物理奥林匹克。当时,每支代表队仍由 3 名队员和 1 名领队组成。

第 2 届 IPhO 仍是理论考 3 道题,实验考 1 道题。设一、二、三等奖和表扬奖,一、二、三等奖也就是后来常说的金牌、银牌、铜牌奖。评分结果是 2 名金牌奖、1 名银牌奖、3 名铜牌奖和 2 名表扬奖,余下 16 名学生未获奖。个人第 1 名金牌奖由波兰学生 Tomasz Kreglewski 夺得。

1969 年夏天,捷克斯洛伐克做东,轮到 R. Kostial 操办。尽管参赛国不变,但每支代表队的参赛队员增至 5 名,领队增至两名,两名领队中的一位是(全队)领队,另一位称为教学领队。顾名思义,(全队)领队与教学领队应有职能上的分工。参考体育赛事,教学领队似应与球队领队相当,事实上却并非如此。IPhO 章程上用带括号的文字规定领队负责全队工作,教学领队负责学生工作。在学科竞赛中,队员们都是中学生,全队工作中的基本内容还是与竞赛考试有关的学生工作。大多数代表队持务实态度,既然竞赛考试分为理论与实验两部分,那么策略的配置便是领队与教学领队中有一位是侧重理论的教员,另一位则是侧重实验的教员。由于代表队成员的增加,在布尔诺举行的第 3 届 IPhO 要比第 2 届 IPhO 热闹。

这一届竞赛中,理论考 4 道题,实验考 1 道题。为鼓励学生参赛,增加了获奖比例,评出 13 名金牌奖、10 名银牌奖、9 名铜牌奖和 5 名表扬奖,仅 3 名学生未获奖。个人第 1 名金牌被捷克斯洛伐克学生 Sob Mayer 摘取。

直至第 3 届 IPhO,参赛者都是男学生。

第 4 届 IPhO 移师苏联,于 1970 年夏天在莫斯科举行。参赛国不变,每支代表队队员增至 6 名。值得一提的是,本届有 1 名女学生参赛,她是德意志民主共和国的 Inge Reimann。虽然 Reimann 未能获奖,但她的参与在 IPhO 史上留下了珍贵的记载。

第 5 届 IPhO 于 1971 年夏季在保加利亚首都索菲亚举行,不知何故,南斯拉夫未派队参赛。本届竞赛,各队队员又恢复至 5 名,这一数额从此固定下来。

第 6 届 IPhO 于 1972 年夏季在罗马尼亚首都布加勒斯特举行,南斯拉夫再次缺席。正如后来 IPhO 秘书长、波兰的 W. Gorzkowski 博士所言:"这是一次重要的竞赛,因为首次在参赛队中,有第一个非欧洲国家(古巴)和第一个西方国家(法国)。"虽然参赛国家还只有 9 个,范围却从欧洲扩大到了美洲。9 支代表队中有 8 支来自当时的社会主义阵营,唯独法国代表队例外。社会主义和资本主义两种体制国家在学科竞赛中的交融与在诸如乒乓外交中的交融一样,历史已证明了它对人类社会的进步是件好事。有趣的是,法国接着时而参赛,时而不参赛,直到第 13 届为止。此后,在 IPhO 的赛场上,再也见不到来自法国的选手了。本届竞赛,理论考试又减为 3 题,实验考试仍为 1 题。

1973 年 IPhO 停赛,原因是没有一个国家愿意花钱主办。这是可以理解的,尽管绝大多数成年人关心自己子女的学业,但学科竞赛与体育竞赛不同,它不能刺激局外人的感官,也就不容易产生商业效应,要获得社会上的资助自然是件难事。记得 20 世纪 90 年代初期,我国 IPhO 集训队经费拮据,"好事"者牵线与厂商接洽,商谈下来对方慷慨表态,愿奉送蜂王浆若干,随我们自行零售,所得款项尽数归集训队。主事者想象摆摊找零钱诸多麻烦,不如建议教员同志讲课时再讲些奉献精神较为省事，随即作罢。

值得赞赏的是，波兰在这困难时刻主动提出愿意再次承办赛事，于是在次年(1974年)恢复了此项国际竞赛。

第7届IPhO于1974年夏季在波兰华沙举行。除了法国，古巴也未参赛，但是当时简称为西德的德意志联邦共和国应邀组队参加了本届赛事。为鼓励女学生参赛，东道主组委会首次颁发女生成绩最佳奖，获奖者是罗马尼亚学生Maria Titeica，她也是铜牌奖的获得者。

第8、9、10届IPhO分别在德意志民主共和国、匈牙利和捷克斯洛伐克举行。

在1977年的第10届赛事中，由于南斯拉夫队的复出和瑞典、芬兰队的加盟，参赛国增到10个，这象征着IPhO的发展。发展免不了会遇到困难，随着参赛人员的增加，东道主在经费上的负担随之增大。至此为止，IPhO的主办国都是社会主义国家，参加过IPhO的4个西方国家(法国、德意志联邦共和国、瑞典和芬兰)均未曾主办过一次。

1977年春天，在蒙古首都乌兰巴托举行的一次以苏联为首的社会主义国家教育部长会议上，与会者全体约定：今后在数学、物理、化学每个学科，社会主义国家只能每两年承办一次国际竞赛。W. Gorzkowski博士称这一决议是对"其他一些国家的暗示"，要求他们隔年填补一次空缺。可惜"其他一些国家"的反应稍嫌迟缓，1978年IPhO停办。1979年，苏联如约主办第11届IPhO后，1980年IPhO再次停办。

直到1981年在保加利亚举办的第12届IPhO之后，1982年，才首次由西方的德意志联邦共和国主办第13届赛事。此后，按不成文的"君子协定"，社会主义国家与资本主义国家严格地逐年交替主办IPhO，煞是有趣。随着时间的推移，IPhO中来自西方的参赛队伍逐渐占据多数。1986年，中国作为一个社会主义大国正式加盟IPhO。波兰籍的IPhO秘书长随即主动而又频繁地与我国领队们探讨中国做东的可能性，古巴领队热情地鼓励我们游说教育行政部门举办IPhO，更多的领队则是友好地表达了他们对中国名胜古迹的仰慕之情。在这样的氛围中，我国主办IPhO义不容辞。1994年夏季，第25

届 IPhO 在北京举行,国际友人登上八达岭,圆了游览万里长城梦,这是后话。到了 1993 年,双方轮流坐庄的"君子协定"不再执行,遂成历史的一页翻了过去。

1981 年,越南作为第 1 个亚洲国家参加第 12 届 IPhO。次年,第 13 届 IPhO 参赛方总数多达 17;1985 年,加拿大作为第 1 个北美国家参加第 16 届 IPhO,此时总数已多达 20。特别值得一提的是,1986 年,中国和美国正式参赛,这是 IPhO 史上的一件大事,因为中国的理论教育水平和美国的科学技术水平是举世公认的。1987 年,澳大利亚首次组队参赛,这意味着 IPhO 活动已发展到除非洲以外的全世界四大洲。1998 年在冰岛举行的第 29 届 IPhO,参赛代表队多达 56 支,其中一支代表队来自我国台湾地区。

IPhO 经过 30 余年的成功举办,其国际声望越来越高,它的作用已被联合国教科文组织、国际物理教育委员会和欧洲物理学会所肯定。鉴于 IPhO 在促进物理教育进步和推动国际交流方面所取得的成绩,国际物理教育委员会于 1991 年 10 月向 IPhO 颁发了永久性的铜质奖章。1989 年为祝贺第 20 届 IPhO,欧洲物理学会为参赛者专设"理论题和实验题解答成绩最均衡奖",此奖延续至今。

IPhO 发展至今,遗憾的是非洲尚无一个国家参加。1994 年 7 月在北京举行第 25 届赛事,此前,我国组委会曾向南非发出邀请函,可惜没有结果。随着非洲社会的日趋稳定,经济逐渐发展,相信在不远的将来,他们必定也会加盟 IPhO,届时 IPhO 终会成为全球五大洲中学物理教育界的共同事业。

第 1~32 届 IPhO 的举办时间、地点及东道主[①]

届	时间(年)	地点	东道主
1	1967	华沙	波兰
2	1968	布达佩斯	匈牙利
3	1969	布尔诺	捷克斯洛伐克

---

① 更多届数的情况,参见本书附录一。

续表

届	时间(年)	地 点	东道主
4	1970	莫斯科	苏 联
5	1971	索菲亚	保加利亚
6	1972	布加勒斯特	罗马尼亚
7	1974	华 沙	波 兰
8	1975	居斯特罗	德意志民主共和国
9	1976	布达佩斯	匈牙利
10	1977	赫拉德坎·克拉洛韦	捷克斯洛伐克
11	1979	莫斯科	苏 联
12	1981	瓦尔纳	保加利亚
13	1982	马伦特	德意志联邦共和国
14	1983	布加勒斯特	罗马尼亚
15	1984	锡格蒂纳	瑞 典
16	1985	波尔托罗	南斯拉夫
17	1986	伦 敦	英 国
18	1987	耶 拿	德意志民主共和国
19	1988	巴德·伊谢尔	奥地利
20	1989	华 沙	波 兰
21	1990	格罗宁根	荷 兰
22	1991	哈瓦那	古 巴
23	1992	赫尔辛基	芬 兰
24	1993	威廉斯堡	美 国
25	1994	北 京	中 国
26	1995	堪培拉	澳大利亚
27	1996	奥斯陆	挪 威
28	1997	萨德伯里	加拿大
29	1998	雷克雅未克	冰 岛

续表

届	时间(年)	地　　点	东道主
30	1999	帕多瓦	意大利
31	2000	莱斯特	英　国
32	2001	安塔利亚	土耳其

3. IPhO 的机构

IPhO 的权威机构是赛期内由领队和教学领队们组成的国际委员会。该委员会由东道主的一名代表任主席,在每届赛事开幕式后的第一次领队会上,东道主的这位代表(通常是该届组织委员会的执行主席)在其座位上对着话筒发言的时刻,便是本届国际委员会的诞生时刻。

国际委员会有权对竞赛章程和考纲提出修改意见,有权对东道主准备的理论考题进行有限制的选择和对理论、实验考题及评分标准提出修改意见,有权确定竞赛结果的个人名次,有权选定以后各届竞赛的主办者。委员会的决议按三分之二多数举手通过,领队和教学领队票权均等,不过至今尚未出现过一个代表队的领队与教学领队意见相左的情况。

通常,闭幕式之前的最后一次领队会议结束时,在掌声中本届国际委员会自动解散。

一般来说,各代表队领队的组成相对稳定,原因是多方面的。竞赛期间,领队们的首要任务是讨论东道主出的考题,这是很热闹的。尽管领队们多为大学教授,但在考题是否有利于本队学生这一关键点上却非常计较。理论考题只有 3 道,讨论时各持己见,争论来争论去所花费的时间远远超出学生做题 5 小时的时间。针对每一问题的修改意见相持不下时,都要举手表决。冷静观察一下,很有意思,平时交往,尤其在餐桌上,男士们多数西装革履,谈吐举止颇具绅士风度,但在争论题目如何修改方面却决不相让,热闹的程度与跳蚤市场喧闹的气氛不相上下。1994年在北京的第25届IPhO国际委员会会议上，个别年轻领队因对考题的讨论不满，甚至把两只脚跷到桌面上，极不雅观。我想，联合国外交官们的举止必定会更斯文些，但在涉及自身权益的问题上，除了大厅内的唇枪舌剑，会场外势必还会有更多的争论、妥协与磨合。肯说实话的政界人士坦率地承认："我们这样做符合本国的利益。"这是题外话。中国队的领队较少参与争论，一方面是语言和个人性格所致，另一方面是因为我们的队员赛前准备相对充分，考什么内容关系都不大。当然，中国队总的来说希望题目有一定难度，这更符合本队利益。英国的C. Isenberg教授与我们态度一致，这在国际委员会中属于少数派，但我们并未因此而结盟。Isenberg教授是一位典型的英国绅士，也很少参与争论。记得1995年在澳大利亚堪培拉大学举行的一次国际委员会会议上，东道主拿出的第3道理论题过多地涉及相对论内容，尽管Isenberg和我们都很喜欢它，但还是被大会投票否决了。命题者只得拿出备用题，不幸发现题中讨论圆柱体浮标在海面上左右摆动的内容违反力学中的质心运动定理。怎么办呢？碍于IPhO章程的规定，凡被否决掉的题目不可重新选用，领队们充分表态后，机智地把浮标的这种简单摆动处理为复杂的真实摆动的强制性近似。考题的修改、讨论既然是关键，经验便更加可贵，这也是领队的组成往往保持相对稳定的一个重要因素。

在世界上生活水准较高的地方，出境旅游是件寻常事情，因而带着学生参加国际竞赛对一般教员来说并不具有吸引力，因为带队参加IPhO是件很辛苦的事。据新加坡领队介绍，他们那里解决的办法是几所学校轮流"出勤"。许多领队多年身任此职是出于对IPhO事业的热爱和奉献，这是领队组成保持相对稳定的又一个重要因素。正因为如此，国际委员会中大多数成员相互都很熟悉，彼此寒暄非常愉快。

第7届IPhO国际委员会讨论了理论考题的数目，在这之前这一数目常有变化，本届委员会通过决议，从此以后定为3道题。后来，第15届IPhO国际委员会又作出决定，允许实验考题可以为1道题，也可以为2道题。

国际委员会在评定竞赛结果的个人名次方面,倒是异常平静。队员们的得分已被领队认可,对于确定金、银、铜牌等奖项起决定作用的最高得分情况,早在"碰头会"上了解得一清二楚,本队 5 名队员可得什么奖牌,在领队口袋里的计算器中已经有数,平静便属自然。在评定个人名次的国际委员会会议上,组委会成员和领队们入席后轻松地闲聊着。过一阵,工作人员进场分发本届竞赛的总成绩表,从得分最高者开始,按金牌、银牌、铜牌、表扬奖分组、顺次排列。在表扬奖分数线以下的参赛者,前几年经国际委员会商议决定,不将他们的成绩列在总成绩表上。接着,领队们检查自己队员的得分和队员名字的拼写是否有误(由于赛期短,偶然差错在所难免)。对于金牌,领队们还很关心队员的个人名次,尤其是如果最高得分者是两位参赛选手,那么他们将同获个人第 1 金牌奖。这种情况下,通常按得奖者国(地区)名第 1 个英文字母的顺序排列先后。例如第 24 届 IPhO 赛事中,我国队员张钧安(Junan Zhang)和德意志联邦共和国队员 Harald Pfeiffer 同得 40.65 分,并列个人第 1,东道主美国在名次上将张钧安放在首位,因为按国名第 1 个英文字母的顺序,China 中的 C 在 Germany 中的 G 之前。若以得奖者名字第 1 个拉丁字母排序,德国学生便会排在首位。

  国际委员会会议上最敏感的议题之一是经费问题。应邀参加 IPhO 的代表队越来越多,东道主除包吃、包住、包旅游之外,还要按惯例给每一位参赛学生和领队发一点零花钱。零花钱是象征性的,数额很少,学生的更少,但主办者甚至对参赛者的生活福利都要计划得如此周密,可见其负担之重。大凡福利制国家迟早都会遇到经济上的麻烦,IPhO 东道主也遇到了同样的麻烦。有些情况是政府部门从财政上支持主办 IPhO,但更多的情况则并非如此,组办者要自筹资金,IPhO 又缺乏广告效应,很难找到赞助方,便难以承诺 IPhO 的主办。在美国威廉斯堡的第 24 届 IPhO 国际委员会会议上,正式开始讨论如何解决经费问题,有些代表队的领队提议参赛者应交纳一定数量的费用,另外一些代表队的领队坚决反对。提议交费的多属于将要做东 IPhO,反对者多属于已主办过 IPhO,个中缘由不言自明。最后,未能达成协议。接着,在北京的第 25 届和在澳大利亚堪培拉的第 26 届 IPhO 国际委员会会议上，两派继续论战，还是没有结果。1996 年轮到挪威主办第 27 届 IPhO，东道主策略地在赛前致函各代表队，欢迎参赛者赞助本届 IPhO，这一新举措颇见成效。1997 年加拿大主办第 28 届 IPhO，坚决地将赞助费更名为参赛报名费。平心而论，倘若东道主不趁机赢利，经费上的适当分担还是合理的。

  随着参赛队的增加，两届赛事之间需要协调和处理的事务越来越多。为了适应这种情况，1983 年在罗马尼亚举行的第 14 届 IPhO 期间，德意志联邦共和国的 Gunter Lind 博士提议建立常设性的"国际物理奥林匹克秘书处"。此提议当即被国际委员会采纳，旋即推选波兰科学院的 Waldemar Gorzkowski 博士为秘书，任期 5 年。Gorzkowski 当选后，为 IPhO 事业作出了很大的贡献。由于 Gorzkowski 在秘书一职上工作出色，故连任至今。后来，为了分担他的一部分工作，升任其为秘书长，另增设秘书一人。值得一提的是，无论是带"长"的职位，还是不带"长"的职位，IPhO 秘书处的"干部"均有"奉"无禄，而且在每届赛事中，他们都兼任本国领队，否则参加国际会议的往返机票费恐怕都无处报销。Gorzkowski 为人谦逊、随和，从不以国际竞赛的权威自居，他赢得的是淡泊交往中寻常而又珍贵的受人尊敬，也许这正是学科竞赛不具有商业价值的可贵之处。

4. IPhO 的章程

  早在第 2 届 IPhO 赛事前，便已拟定了竞赛章程的初稿。赛后几个月，8 国代表队领队在捷克斯洛伐克的布尔诺举行一次专门会议，正式通过这份文件，IPhO 章程的最初文本就此产生。

  在以后的赛事中，IPhO 的章程频频被修改。第 5 届 IPhO 国际委员会首次对原始文本作了几处小的改动。在第 6 届 IPhO 国际委员会会议上，领队们建议对章程的少数内容再作修正，据此，第 7 届 IPhO 东道主波兰的组织委员会在赛前做了准备工作，为了得到认可并吸收意见，所有被邀请参加这届竞赛的 8 国代表队领队都在去华沙前收到了新版本的章程稿。赛期中举行的国际委员会会议上，除了有1个代表队投反对票外,其余代表队都对新文本投了赞成票。

1983年,在布加勒斯特举行的第14届IPhO,决定建立由1人组成的常设秘书处,并责成该秘书要与下一届赛事组织者瑞典的Lars Silverberg教授一起拟定一个新版本的章程。随后,这一新版本章程在第15届IPhO国际委员会会议上通过。新版本章程使IPhO的秘书处合法化,同时章程的文字表述更为严谨。

随着来自世界各地代表队的增多,国际性的赛事难免会涉及各种各样的问题。为从技术上妥善处理这些问题,从1988年第19届IPhO开始,国际委员会每年都要对章程进行个别的修改和补充。

章程共分18节。直到第23届IPhO,根据§18[①]所述,章程有英文和俄文两种文本。但第24届IPhO国际委员会会议则通过决议,从此只给出英文1种文本。

章程§5所涉及的是国际委员会的工作语言。有一段时期,委员会的工作语言多达4种(英语、俄语、德语和法语),严重地影响了会议效率。第7届IPhO决定将之减少到两种(英语和俄语)。竞赛的东道主必须为国际委员会会议提供1名译员,秘书长Gorzkowski对此有过这样的评论:"应该承认,一般来说会议翻译是不令人满意的,必须加以改善。这当然不容易,很难物色到一个译员,既有物理知识,又有从英到俄和从俄到英的即时翻译能力。"接着,他又叹息:"物色这样的人才也很花钱。组织者非常欢迎来自国际组织的有关方面的任何帮助。可是很遗憾,到现在为止还没有一个国际组织,包括UNESCO(联合国教科文组织)在内,有任何在这方面提供帮助的迹象。"Gorzkowski说这番话是事出有因的,1989年第20届IPhO在华沙举行,当时他全面负责波兰组委会的工作,国际委员会常在科学院物理所会议厅讨论理论考试题和实验考试题,这种场合领队们发言频繁,苏联领队与伊朗领队格外健谈,一位吐字迅猛,嗓音沙哑,另一位慢条斯理,声音尖锐,这边讲的是俄语,那边讲的是英语,把大会翻译搞得筋疲力尽。效率低是一个方面,差错不断却使苏联领队非常恼火,忍无可忍时他干脆站起来用英语慷慨陈词,场内立

---

① "§"表示节的符号,§18表示第18节,全书同。

刻有人高兴得报之以掌声,沉闷的气氛豁然开朗起来。Gorzkowski 与绝大多数委员都认为,从技术上来看,将英语作为唯一的工作语言是一种趋势,要求领队都会讲英语也并不困难,麻烦的是苏联领队从政治上考虑执着反对。众所周知,国家元首和外交部长们在国际政治会议或会谈中,即使他(她)们的外语表述能力很强,但在正式场合中也必定使用本国语言,在相距世界大同甚远的当今国际社会中,这是为维护本国政治地位和尊严而必须坚持的外事原则。然而按学术活动和学科竞赛的宗旨,人与人之间处于平等地位,使用何种语言不是原则问题,而是个技术性问题。1994 年在我国举行的第 25 届 IPhO,参赛的代表队多达 47 个,设想每位领队均用自家的语言发表意见,在北京大学电化教学楼会议厅的后台需要配备多少名同声翻译?! IPhO 当初将 4 种工作语言减到两种,并不意味着对德语地区和法语地区的歧视,进一步简化为 1 种工作语言也并非象征着对某一国的不恭。然而,苏联领队从感情上不好接受,感性与理性的矛盾也是人之常情。到 1993 年,在第 24 届 IPhO 国际委员会会议上,终于以投票方式确定了以后只使用英语作为工作语言。

章程§15 的内容是关于 IPhO 秘书处的设置,秘书处由 1 位秘书和 1 位副秘书组成,选举结果他们都来自波兰,于是条文中还添加了这样的内容:他们通常来自同一国家(地区)。后来波兰国内体制发生了根本的变化,副秘书移民加拿大,但他在 IPhO 仍担任原来的工作。第 26 届 IPhO 国际委员会对§15 条文作了相应的修改,取消了上述添加的语句,把秘书改为秘书长,副秘书改为秘书。

章程§4 规定,参赛者必须是中学生,年龄不得超过 20 岁。尽管所有代表队都严格遵守,从未发生过弄虚作假事件,但东道主组委会对这一条款仍然执行得极为认真。1990 年我国报名参加第 21 届 IPhO,队员中吴明扬来自西安交通大学附属中学,周纲、杨巍、段志勇都来自国家教委在北京大学第一附属中学设置的物理试验班。名单电传到荷兰组委会,把他们吓了一跳,中国 5 名学生中竟然有 4 名的"身世"与大学有关,这还了得!荷兰人的惊讶也是有道理的,他们国内的大学从来没有附属中学。组委会负责人给我们发来电传,重申参赛规则,言外之意要求换人。经过我们的解释,名还是报上了。IPhO 并不限定学生参赛次数,据了解,其他学科国际竞赛也无此项限制。实际情况是,只有极少数学生两次参赛 IPhO。我国学生未曾重复参赛 IPhO,所有队员赛前都已保送上大学,即使有个别学生选自高二第一学期,赛后也升入大学。例如第 26 届 IPhO 中国代表队队员毛蔚,这名江苏省启东中学的女孩子天赋很高,高二第一学期在全国中学生物理竞赛决赛中夺冠,在堪培拉大学的国际竞赛中又取得个人第 2 名的好成绩。赛后进入清华大学电子工程系学习,第二年转学到美国加州大学伯克利分校物理系。一般转学学生都要降一级,毛蔚破格没有降级,反而在两年时间内修完了余下三年的课程。1998 年 5 月下旬,她获本科学位后回国探亲,特意途经北京看望师长和同学,然后返回伯克利修读电子工程博士学位,年仅 20 岁。

  直到第 19 届 IPhO,根据章程 §9 原来的规定,将参赛成绩最高者的得分值计为 100%,以此界定各种奖项的分数线,得奖难度较大。第 18 届 IPhO 共有 25 个代表队参加,评出的金牌只有 3 块,中国队湖北学生陈恂取得个人第 4 名的好成绩,却只能得银牌。第 20 届 IPhO 将章程改为竞赛前 3 名的平均得分值计为 100%,使授奖面有所扩大。IPhO 的评奖方式与其他学科竞赛的评奖方式不同,它不是依据参赛人数或总体得分分布按比例画线评奖,获奖者的水平基本上与参赛者的多少无关。IPhO 金牌、银牌数的百分比相对较低,是这种评奖方式的必然结果。第 25 届 IPhO 前 3 名学生得分相对较高,但有 6 名参赛队员获金牌,5 名队员获银牌。令局外人感到不解的是,大多数领队都坚持这一独特的评奖方式,其目的正如 Gorzkowski 所言:"要保持 IPhO 金牌的高含金量。"通常,金、银、铜奖和表扬奖的人数占参赛学生总数的 50% 左右,未获奖者可得一份参赛证书作为鼓励和纪念。

  为了对培养学生的中学教员进行奖励,第 23 届 IPhO 国际委员会在章程 §10 中补充了一段内容,要求各代表队递交一份拟表扬的中学教师名单,由组委会发证书正式表扬这些中学教员。设此奖项的用意良好,只是章程规定 1 名学生对应 1 名教师,具体落实相当困难,这在我国尤其如此。

  IPhO 的理论考试和实验考试全部由东道主命题,个别题目难免会引起较大争论。第 23 届 IPhO 国际委员会决定,在章程§7 中补充规定东道主须为理论考试准备 4 道题,先公布 3 道题供领队们讨论,若有 1 道题被 2/3 多数票否决,则以备用题代替,此时国际委员会只可修改,不可否决这一替代题。后来稍微留意一下发现,东道主领队口袋里实际上装着的往往是两道备用题,汉语中"有备无患"这一成语真是精辟地描述了世人共有的防备心态。

IPhO 章程§2 规定,各参赛国(地区)"必须在参赛 5 年内声明其主办未来竞赛的意愿",若"拒绝主办竞赛",即使"曾派队参加过竞赛,仍可被禁止参赛。"从行文语气中不难看出,在"声明其主办未来竞赛的意愿"与"拒绝主办竞赛"之间留有足够的空隙,因此这一条款中的"禁止参赛"手段从未被使用过。考虑到某些国家(地区)的实际困难,行文中这种外交模式的"疏漏"似乎隐含着谅解之情。

IPhO 章程§13 规定:"……国际委员会会议参加者有义务对题目保密,并不给任何参赛者以帮助。"各国(地区)领队即为国际委员会委员,他们应在竞赛考试的前一天讨论和翻译赛题,因此章程中这一条保密规定是必要的。条文中"有义务"这一提法很有礼貌,实际上至今尚未发生过泄密事件,无疑,国家与民族的尊严高于奖牌的荣誉感。

IPhO 章程[①]

通过:瑞　典		锡格蒂纳,1984 年 6 月
修改:奥地利		巴德·伊谢尔,1988 年 6 月
波　兰		华沙,1989 年 7 月
芬　兰		格罗宁根,1990 年 7 月
古　巴		哈瓦那,1991 年 7 月
芬　兰		赫尔辛基,1992 年 7 月

---

① 历史上 IPhO 章程修订过多次,最新的版本(2018 年修订)其主体内容与精神都和本书的这个版本一致,变化主要体现在进一步的细节修订和落实具体执行方法上。其中比较重要的改变是评奖方法(见本书章程§9),现已由原来的积分法改为按人数评奖;此外,本书章程§15 中的秘书处现已改为由主席、秘书、财务长组成,并另设 IPhO 顾问委员会。

美　　国	威廉斯堡,1993 年 7 月
中　　国	北京,1994 年 7 月
澳大利亚	堪培拉,1995 年 7 月

§1

鉴于物理学在一切科学技术和青年的普通教育中日益增长的重要性,为了促进学校物理教育方面国际交流的发展,为中学学生组织了一年一度的物理竞赛,定名为国际物理奥林匹克(International Physics Olympiad),此竞赛为个人之间的竞赛。

§2

竞赛在参赛国(地区)①之一的领土上进行,由该国(地区)的教育部或别的适当机构来组织。以下使用的"教育部"这个名称即为上述含义。主办国(地区)必须保证所有代表队具有同等参与权,对曾在前 3 届竞赛中参加过一次以上的所有参赛国(地区)都要发出邀请。此外,主办国(地区)有权邀请其他国家(地区)。

不可因为政治纠纷、没有建立外交关系、某些国家(地区)尚未被主办国(地区)政府承认、国际制裁或其他类似的理由构成的政治因素而致使任何一国(地区)的代表队被拒绝参赛。若正式邀请一个国家(地区)的代表队有困难时,可以邀请该国(地区)学生以个人身份参赛。

各参赛国(地区)必须在参赛 5 年内声明其主办未来竞赛的意愿,并提出主办的时间,以便能编排出初步的愿主办国(地区)顺序名单。

拒绝主办竞赛的国家(地区),即使该国(地区)曾派队参加过竞赛,仍可被禁止参赛。

§3

作为惯例,各参赛国(地区)教育部将竞赛的组织、准备和实施工作委托主办国(地区)物理学会或其他机构办

---

① "(地区)"为翻译时所加,下同。

理。主办国(地区)教育部应把受委托组织竞赛的机构名称和通信地址通知各参赛国(地区)教育部。

§4

每个参赛国(地区)派出一个由普通高中或中等技术学校(不能是技术学院性质的)学生组成的代表队。已参加过竞赛当年的结业考试者,只要尚未开始大学学习仍可以参赛。参赛者的年龄在竞赛当年的6月30日,不得超过20岁。在正常情况下,每队应有5名队员。

除学生外,主办国(地区)请每个参赛国(地区)派出两名陪同人员,其中一名任领队(负责全队工作),另一名为教学领队(负责学生工作),这些陪同人员均为国际委员会成员,并在委员会中享有同等权利。

竞赛应在友好的气氛中进行,以促进未来的合作和鼓励科学交流中友谊的形成。为此,竞赛者之间所有可能的政治纠纷都不可反映在竞赛期间的每项活动中。一切针对任何一个参赛者或参赛国(地区)的政治行为都应受到禁止。

领队和教学领队必须从物理专家或物理教师中选取,他们应能胜任解答竞赛试题。通常每个人都应能讲英语。

每个参赛队的领队应在到达时向组织者递交一份参赛者个人情况表(姓名、出生日期、家庭通信地址、所在学校的类别和通信地址)。

§5

国际物理奥林匹克的工作语言是英语。赛题需提供英语、俄语、德语、法语和西班牙语各文本,题解需提供英语文本。然而,允许主办者提供赛题与题解的其他语种文本。

§6

竞赛机构的财务原则如下:

a) 派出学生参赛的各国(地区)教育部负担学生及陪同人员从本国(地区)到参赛地点的往返旅费。

b) 从到达时起到离开这期间所有费用均由主办国(地区)教育部负担。其中包括学生和陪同人员的食宿费用、旅游费用和发给优胜者的奖品等。

§7

竞赛分两天进行,一天用于理论竞赛,一天用于实验竞赛。这两天之间至少要安排一天的休息。每次考试时间一般为 5 小时,理论试题为 3 道题,实验试题为 1 道或 2 道题。

参赛者在解题时可使用对数表、物理常数表、计算尺、不可编程的袖珍计算器以及绘图工具。这些用品将由学生自备。不允许用数学公式或物理公式的汇总材料。

理论试题应至少包括高中水平物理课的 4 个领域(见下一标题中的 IPhO 章程附件)。试题应是高中学生用标准的高中数学能解答的,并应无大量数字运算。

主办国(地区)应准备 1 道备用题,如果前面 3 道理论试题中的 1 道题被国际委员会的 2/3 票否决,备用题便须提供给国际委员会。被否决的题将不再考虑。

§8

竞赛题由主办国(地区)选择和准备。

§9

每道题的分数由竞赛组织者确定,但理论题总分应为 30 分,实验题总分应为 20 分。实验题应包括理论分析(实验设计和讨论)和进行实验。

按下述办法①根据优胜者的积分授予获奖证书(Diploma)或给予表扬(Honorable mention):

竞赛积分前 3 名的平均积分数值计为 100%。

积分达 90%②的参赛者,授予一等奖(Diploma)。

积分低于 90% 而达到 78%③者,授予二等奖(Diploma)。

---

① 见 16 页注,评奖办法现在已经改变。

② 原文为"超过 90%",实际评奖时只要求达到 90% 这一积分界限即授予一等奖,故在翻译时作此修改,以反映实际执行情况。

③ 原文为"超过 78% 直至 89% 者",实际评奖时只要达到 78% 这一积分界限即获二等奖,高于 89% 而未达到 90% 这一积分界限者,也获二等奖,故在翻译时按实际执行情况作了修改。

积分低于78%而达到65%者,授予三等奖(Diploma)。

积分低于65%而达到50%者,给予表扬。

积分低于50%者,发给参赛证明书(Certificate)。

上述各评奖积分界限(90%、78%、65%和50%)均舍尾取整。

积分最高的参赛者将获特别奖及证书(Diploma)。

可颁发其他特别奖。

可用证书(Certificate)的形式正式表扬参赛国际物理奥林匹克学生的中学教师。被表扬教师的名字(每名学生一位教师)递交给组织者的时间不得迟于代表队到达之日。

§10

组织者的义务:

a) 组织者必须保证竞赛依照章程进行。

b) 组织者应根据章程制定《组织竞赛规则》,并及时送交各参赛国(地区)。这些组织规则应包括章程未载的、有关竞赛的细节以及负责此次竞赛的机构和负责人的名称、姓名和通信地址等。

c) 组织者应为竞赛制订一个明确的计划(参赛者和陪同人员的活动日程、游览计划等),并将它事先送交参赛国(地区)。

d) 在各代表队到达后,组织者应立即核查参赛者是否符合竞赛条件。

e) 组织者(依照§7和本章程附件中所列物理内容的规定)选择竞赛题,并保证将所选竞赛题及其解答译成§5规定的语言。建议选择那些需要一定的创造能力和较高的知识水平才能解答的题目作为竞赛题。凡参与竞赛题准备者均有责任严守秘密。

f) 组织者必须为各代表队配备译员。

g) 在最后评定获奖等级前,组织者必须将参赛者解答的复印件提供给他们所属代表队的领队。

h) 组织者负责试题解答的评分。

i) 组织者草拟获奖和获表扬的参赛者名单。

j) 组织者准备竞赛优胜者的获奖证书、获表扬证明书和奖品。

k) 组织者在赛后一年之内,须用英文编制赛事纪要集,并免费向每一位领队、教学领队和参赛者寄送一份复制件。

§11

国际委员会由所有代表队的领队和教学领队组成,竞赛的科学部分必须置于该委员会职权范围之内。

国际委员会由主办国(地区)的一位代表任主席。他负责竞赛的准备工作,并和各代表队的陪同人员一起在委员会内工作。

各项决议由多数票通过。在赞成票与反对票相等时,主席拥有决定权。

§12

各代表队的领队负责将竞赛题从§5所述的英语或其他语种准确地译成参赛者的母语。

§13

国际委员会有以下职责:

a) 指导竞赛和监督竞赛按规则进行。

b) 在各代表队到达后,查明所有队员是否在各方面都符合竞赛要求。对不符合规定条件的参赛者,委员会将取消其参赛资格。被取消资格的参赛者的费用由其本国(地区)负担。

c) 在每部分竞赛前对组织者选择的竞赛题、解答和建议的评分标准进行讨论。委员会有权修改或取消建议的题目,但不能提出新的题目。修改不得影响到实验设备。委员会将对竞赛题的定稿和评分标准作出最终决定。国际委员会会议参加者有义务对题目保密,并不给任何参赛者以帮助。

d) 依据国际委员会认可的评分情况,正确和公正地划分学生获奖等级。获奖者的得分应予以公布,未能获奖者和受表扬者的得分则应保密,以免他们因得分太低而情绪低落。领队可获得本队每个学生的分数。

e) 确定竞赛优胜者,作出授奖和表扬的决定。国际委员会的决定是最终决定。

f) 对竞赛结果进行回顾。

g) 选定下届竞赛的主办国(地区)。

观察员可列席国际委员会会议,但不参加投票或讨论。

§14

在正式授奖仪式上,负责组办国际物理奥林匹克的机构宣布竞赛结果,并向优胜者颁发奖品和证书。该机构邀请主办国(地区)教育部和科学机构的代表参加竞赛闭幕式。

§15

由国际物理奥林匹克秘书处协调有关组织竞赛的长期性工作。此秘书处由一位秘书长和一位秘书组成。当这些职位出现空缺时,由国际委员会选举产生新任人员,任期5年。

§16

本章程是在过去多次国际竞赛的基础上制定的。

本章程的修改、段落的新增或删除只能由国际委员会决定,且需经2/3多数票通过。

除非每个代表团在赛前3个月就得到修改的书面建议,否则本章程和所附大纲不得修改。

§17

派队参加国际物理奥林匹克即意味着该国(地区)的教育部已承认本章程。

§18

本章程的原件用英文书写。

5. IPhO 的考纲

IPhO 的考纲即为竞赛大纲,它作为一个附件与 IPhO 的章程同时产生于第 2 届赛事后的几个月。1983 年在布加勒斯特举办的第

14 届 IPhO 期间，国际委员会对竞赛大纲作了充分的讨论，为后来的修改作了铺垫。经过 IPhO 秘书处和 1985 年竞赛组织者南斯拉夫的 Anton Moljk 教授、Bojan Golli 博士以及 1986 年竞赛组织者英国的 Cyril Isenberg 教授、Guy Bagnall 博士的共同努力，产生了竞赛大纲的新版本，它的理论部分在第 14 届 IPhO 的国际委员会会议上通过，实验部分在第 15 届 IPhO 的国际委员会会议上通过。此后不久，根据国际委员会的建议，秘书处将竞赛大纲改编成分栏排列形式，它不仅列出所考物理内容的广度，也反映出要求参赛者掌握的深度。

最近几年，IPhO 章程几乎年年修改，考纲却稳定得多。1991 年有过一次较重要的修改，涉及的也只是其中的总纲内容。修改前，总纲条款 d) 规定竞赛题的原稿采用国际单位制，允许参赛者使用自己熟悉的单位制，这是考虑到有些地方（尤其是英国）的领队和学生更习惯于使用自己的单位制。修改后的内容只含一项陈述：竞赛题的原稿必须采用国际单位制。言外之意是希望（但不是要求）领队在题目翻译时，以及学生在解题时也使用国际单位制。这是必要的，也是合理的。参赛最多的欧洲，无论是经济方面还是政治方面，都在朝着一体化方向迈进，尽管需要有个过渡，但为大势所趋。科学单位的国际一体化也势在必行，自然也还允许有个小的过渡。

1991 年对总纲的另一项重要修改是删去了原有的条款 e)，该条款要求"参赛者应熟悉过去国际物理奥林匹克竞赛题目涉及的内容"。竞赛不同于升学考试，题目范围更大，这是常识。虽说奥林匹克精神重在参与，求胜心理却是凡人共有的。从原始动机方面来看，竞赛起源于求胜心理，这是简单的逻辑关系，赛场内外参与者的动机多数如此。进军 1998 年世界杯的 32 支足球劲旅，千里迢迢飞抵巴黎，决不会仅仅为了能在法兰西绿茵场上切磋切磋球艺，否则爱闹事的英国球迷也一定会因为闷闷不乐转而迁怒于英格兰队的同胞们。确实，学科竞赛与体育竞赛有原则的区别，学生参与这样的赛事只是人生的一次经历，他们的事业在于未来，运动员则可能与一技之长结缘终身。然而学科竞赛既设金、银、铜牌各类奖项，不可否认是对年轻学生好胜心理的一种鼓励。结果是参赛学生解题的本领逐年增强，水涨船高，主办者编的题目也就越来越难，难到学生若不了解竞赛的题型,几乎不可能参与竞赛。为参赛者考虑,条款 e)的设置本属善意,结果却加重了学生赛前准备的负担,不利于学生的全面发展。在领队们的再三斟酌后,终于删除了这一条款。经过一段时期,题目的难度也逐渐得到了控制。就事实而言,各届得金、银奖牌的学生无一不在赛前"熟悉"过以往的赛题,但这并不违反竞赛规则。世界就是如此,人生的每一片段都有彼、此两种状态,社会的每一角落都有正、反两个方面,只有相对妥善,没有绝对完美。学科竞赛也是如此,政策上要有正确的导向,个人行为上不可完全没有选择的自由,这样才能使竞赛正常展开。

IPhO 考纲内容是按国际上较高水平的中学物理教学内容制定的,其中总纲条款 b)还规定:"题目中可以有大纲中没有的概念和现象,但题文中必须给出足够的信息,以使对这些问题缺乏知识的参赛者不会处于不利地位。"设置这一条款的原因是为了能从科学研究和技术应用内容中提取素材,加工编制成物理题目来考学生,这是当前学校教学改革的一种趋势。竞赛题目通常都是由组委会聘请大学教员们编制的,许多教员从事科研工作,倾向于将他们感兴趣的课题缩编成一道竞赛题,难免会涉及大纲中没有的概念和现象。例如第 25 届 IPhO 理论题 1 涉及的相对论性粒子,就属于考纲中没有列出的概念,理论题 2 中超导开关对电路的控制,也是考纲没有提及的。这样的概念和现象若在题文中不给出足够的说明,肯定会使相当多的学生不知所措。

考纲的知识面远远超出我国中学物理教学的范围,其中相当部分属于大学一、二年级普通物理教学的内容。仅以第 25 届 IPhO 为例,赛事在北京举行,上面提到的理论题 1 和理论题 2,题目分别是"相对论性粒子"和"超导磁体",理论题 3 的题目是"有表面摩擦的圆盘的碰撞",讨论的是刚体碰撞中摩擦力的作用。我国大学教师编制的这 3 道赛题,老老实实只学过课堂物理的我国中学生,没有一个能解其中的任何一道题。实际情况就是这样:要么退出 IPhO;否则就必须补课,这正是中国队集训时间长的最主要原因。若是不集训(或者说不补课)便拉出去参赛,成绩落在倒数第几,谁也不敢说无所谓。

IPhO 章程附件
竞赛大纲①
总纲

通过:南斯拉夫　　波尔托罗,1985 年 6 月
修改:波　　兰　　华沙,1989 年 7 月
　　　古　　巴　　哈瓦那,1991 年 7 月

a) 解理论题和实验题时均不应要求用复数或解微分方程和大量运用微分、积分。

b) 题目可以有大纲中没有的概念和现象,但题文中必须给出足够的信息,以使对这些问题缺乏知识的参赛者不会处于不利地位。

c) 参赛者可能不熟悉的复杂的实验仪器不应在题目中占主要地位。如果要用这类设备,必须给应试者以仔细的指导。

d) 竞赛题的原稿必须采用国际单位制。

A. 理论部分

通过:南斯拉夫　　波尔托罗,1985 年 6 月
修改:波　　兰　　华沙,1989 年 7 月

1. 力学

a) 质点运动学基础　　　　质点位置的矢量描述,速度
　　　　　　　　　　　　　和加速度是矢量

---

① 大纲在此后又几经修订,最新的 2018 年修订后的大纲,继承原有内容,细化体例,分为:引言、理论能力、实验能力、数学四部分。在理论能力部分,将力学按运动学、静力学、动力学划分,流体力学补充了具体要求,增加了天体力学;而将电磁场内容调到紧接力学之后,再往后是:振动和波,相对论,量子力学,热力学与统计物理。实验能力部分,从安全、测量、准确度、误差分析、数据分析提出细化、具体的要求。数学部分明确了对考生数学能力的要求。

b) 牛顿定律,惯性系 | 可出变质量的题目
　　c) 封闭系统和开放系统,动量和能量,功,功率
　　d) 能量守恒,线动量守恒,冲量
　　e) 弹性力,摩擦力,引力定律,重力场中的势能和功 | 胡克定律,动摩擦系数(F/R=常数),静摩擦力和动摩擦力,势能零点的选择
　　f) 向心加速度,开普勒定律

2. 刚体力学
　　a) 静力学,质量中心,力矩 | 力偶,物体平衡的条件
　　b) 刚体运动,平移,转动,角速度,角加速度,角动量守恒 | 只要求掌握绕固定轴的角动量守恒
　　c) 外力和内力,绕固定轴刚体运动方程,转动惯量,转动物体的动能 | 平行轴定理(Steiner 定理),转动惯量的相加性
　　d) 加速参考系,惯性力 | 不要求知道科里奥利力公式

3. 流体力学
　　没有专对这部分的问题,但希望学生知道压强、浮力和连续性定理的基本概念。

4. 热力学和分子物理学
　　a) 内能,功和热,热力学第一、第二定律 | 热平衡,与状态有关的物理量和与过程有关的物理量
　　b) 理想气体模型,压强和分子动能,阿伏伽德罗常数,理想气体状态方程,绝对温度 | 能用分子观点讨论液体和固体中的简单现象,如沸腾、溶解等
　　c) 等温过程和绝热过程中气体膨胀所做的功 | 不要求证明绝热过程方程式
　　d) 卡诺循环,热力学效率, | 熵是与路径无关的函数,熵

可逆与不可逆过程,熵(统计观点),玻尔兹曼因子	的改变和可逆性,准静态过程

5. 振动与波

a) 谐振动,谐振动方程	谐振动方程的解,衰减与共振(定性的)
b) 谐波,波的传播,横波与纵波,线偏振,经典多普勒效应,声波	谐波中的位移和波的图示法的理解,声速与光速的测量,只要求一维多普勒效应,波在均匀和各向同性介质中的传播,反射和折射,费马原理
c) 谐波的叠加,相干波,干涉,拍,驻波	知道波强与振幅的平方成正比,不要求傅里叶分析,但参赛者要知道复杂的波可由不同频率的简谐波合成,薄膜干涉及其他简单干涉系统(不要求最后的公式),次级子波的叠加(衍射)

6. 电荷和电场

a) 电荷守恒,库仑定律	
b) 电场,电势,高斯定理	高斯定理限于简单对称系统,如球、圆柱、平板等,电偶极矩
c) 电容器,电容,介电常量,电磁能密度	

7. 电流和磁场

a) 电流,电阻,电源的内阻,欧姆定律,基尔霍夫定律,直流和交流功率,焦耳定律	简单含有已知其伏安特性的非欧姆器件的电路
b) 电流的磁场(B),磁场中	磁场中的粒子,简单应用,如

的电流,洛伦兹力　　　　　　回旋加速器,磁偶极矩
　c) 安培力　　　　　　　　　　简单对称系统的磁场,如直
　　　　　　　　　　　　　　　　长导线,圆环和长螺线管
　d) 电磁感应定律,磁通,楞
　　　次定律,自感,互感,磁导
　　　率,电磁能密度
　e) 交流电,交流电路中的电　　简单交流电路,时间常数,对
　　　阻器,电感器和电容器,　　具体共振电路参量的最后公
　　　电压共振与电流共振(并　　式不作要求
　　　联、串联)

8. 电磁波

　a) 振荡电路,振荡频率,由
　　　反馈和共振产生振荡
　b) 波动光学,单缝和双缝衍
　　　射,衍射光栅,光栅的分
　　　辨本领,布拉格反射
　c) 色散和衍射谱,气体线状
　　　谱
　d) 电磁波是横波,反射产生　　偏振光的叠加
　　　偏振,偏振器
　e) 成像系统的分辨本领
　f) 黑体,斯特藩-玻尔兹曼　　普朗克定律不要求
　　　定律

9. 量子物理

　a) 光电效应,光子的能量和　　要求爱因斯坦公式
　　　冲量
　b) 德布罗意波长,海森伯不
　　　确定原理

10. 相对论

　a) 相对论原理,速度的相加,
　　　相对论性多普勒效应

b) 相对论性运动方程,动量,能量,质能关系,能量守恒和动量守恒

11. 物质

a) 布拉格公式的简单应用

b) 原子和分子的能级(定性),发射、吸收类氢原子的光谱

c) 核能级(定性),α、β、γ 衰变,辐射的吸收,半衰期和指数衰减,核组成,质量亏损,核反应

B. 实验部分

通过:英国 伦敦,哈罗,1986年7月

大纲的理论部分为所有实验题目提供了基础。在实验竞赛中实验题应有测量。

其他要求:

1. 参赛者必须认识到仪器会影响测量。

2. 具有 A 部分中各物理量的最普通的实验测量技术的知识。

3. 具有通用实验室仪器和元件的知识,如测径器,温度计,简单电压表、欧姆表和电流表,电位计,二极管,晶体管,简单光学器件等。

4. 借助适当的指导书能使用一些复杂的仪器和器件,如双踪示波器、计数器、速率计、信号和函数发生器、与计算机相连的模数转换器、放大器、积分器、微分器、电源、多用电表(电压、欧姆和电流,模拟的和数字的)。

5. 恰当地找出误差来源和估计它们对最后结果的影响。

6. 绝对误差和相对误差,测量仪器的精度,单次测量的误差,一系列测量的误差,物理量为一些被测量的函数时的误差。

7. 适当选取变量,使其依赖关系转换成线性形式并在图

上以直线拟合诸实验点。

8. 恰当地选取不同标度的作图纸(例如极坐标纸、对数坐标纸)。

9. 在表达最后结果时,有效数字的位数是正确的。能正确地删去不要的数字。

10. 知道实验室工作的一般安全知识(但当实验装置安全上有危险时,应在题中给以适当的警告)。

中国代表队的组建和培训

1. 全国竞赛

IPhO 中国代表队的队员全部来自全国中学生物理竞赛决赛的优胜者。

据竞赛章程第一章第一条所述,全国中学生物理竞赛是在中国科学技术协会领导下,由中国物理学会主办,各省、自治区、直辖市自愿参加的群众性的课外学科竞赛。我国参加 IPhO 后,为在名称翻译上与国际赛事的称谓接轨,对外便称为"中国物理奥林匹克",英文名 Chinese Physics Olympiad,缩写成 CPhO。

第 1 届全国竞赛的预赛于 1984 年 11 月 18 日举行,决赛于 1985 年 2 月 26 日至 3 月 2 日在北京举行。我国物理竞赛虽然起步较晚,但参赛面广。第 1 届预赛人数便已达 4.3 万,到 1998 年第 15 届竞赛时,预赛人数竟多达 13 万,参赛人数之多,世界上首屈一指。

按新的竞赛章程规定,竞赛分为预赛、复赛和决赛 3 个阶段。预赛为一场理论考试,由全国竞赛委员会统一命题和制定评分标准。各地方竞赛委员会组织赛场和评定成绩,竞赛时间为 3 小时。

预赛成绩优秀的学生可参加复赛,人数不得少于本省、自治区、直辖市参加决赛人数的 5 倍。复赛的理论试题全部由竞赛委员会统一命题和制定评分标准,满分为 140 分,考试时间为 3 小时。复赛的实验试题由地方竞赛委员会命题和评定成绩,满分为 60 分,考试时间也是 3 小时。实验考试受场地和仪器设备的制约,这是限制复赛人数不可能很多的主要因素。

各地方竞赛委员会根据学生复赛的总成绩,择优选拔决赛代表队队员。队员的名额为每地 3 名,此外可有奖励名额。在上届竞赛中凡有 1 名队员获一等奖的地方,奖励 1 名。在当年 IPhO 赛事中获金、银、铜奖的学生所在地方,凡有 1 名学生获奖,也奖励 1 名。一个代表队所得奖励名额总数以 4 名为限。承办决赛的地方,队员名额可增加 3 名。

决赛由全国竞赛委员会命题和评定成绩。决赛包括理论和实验两部分,时间各 3 小时。理论部分满分为 140 分,实验部分满分为 60 分。根据决赛成绩,近几届每届评出一等奖约 15 名,二等奖约 30 名,其余均为三等奖。在评定一等奖时,如果需要,可对部分学生增加理论口试,口试满分为 40 分。在评选二等奖和三等奖时,总分统计中自然不含口试成绩。

1999 年之前全国中学生物理竞赛的基本情况列表如下。

历届 CPhO 简介①

届次	预赛		决赛		
	时间	参赛人数(人)	时间	地点	参赛人数(人)
1	1984-11-18	43 079	1985-02-26~1985-03-02	北京	76
2	1986-01-26	52 925	1986-04-01~1986-04-05	上海	104
3	1986-11-16	58 766	1987-02-22~1987-02-25	天津	105
4	1987-10-25	57 523	1988-01-06~1988-01-10	兰州	101
5	1988-10-23	55 855	1989-01-06~1989-01-10	广州	106
6	1989-10-08	53 096	1989-12-10~1989-12-14	长春	127
7	1990-10-21	54 393	1990-12-23~1990-12-27	福州	105
8	1991-06-30	73 806	1991-09-08~1991-09-13	桂林、南宁	104
9	1992-09-06	60 617	1992-10-12~1992-10-15	合肥	101
10	1993-09-05	46 843	1993-10-08~1993-10-11	长沙	105
11	1994-09-04	65 146	1994-10-09~1994-10-12	西安	109
12	1995-09-03	55 867	1995-10-08~1995-10-11	太原	112
13	1996-09-08	86 173	1996-10-19~1996-10-22	杭州	114
14	1997-09-08	90 067	1997-10-18~1997-10-22	南昌	118
15	1998-09-06	134 599	1998-10-21~1998-10-25	大庆	121

---

① 更多届数的情况,参见本书附录二。

全国中学生物理竞赛的考纲（也称为竞赛内容提要）高于现行的高中物理教学大纲，其中包含了一些课堂教学不涉及的内容。例如圆周运动并不局限于匀速率的情况；开普勒定律实际上要求定量掌握；点电荷及均匀带电球壳内、外的电势公式不仅要知道，而且要会用于解题。许多所谓超教学大纲的内容，其实在早些年高中物理教材的甲种本上均有讲述。例如匀速圆周运动向心加速度公式 $a_\text{心}=v^2/R$ 的导出过程涉及小量分析，甲种本第 1 册讲得很仔细，竞赛命题者便认为考生既然已掌握了这一推导过程，应当能运用这种小量分析方法去解决其他有关的物理问题。早在第 1 届赛事中便有过 1 道考题，要求学生通过小量分析求解均匀带电圆环在匀强磁场中因匀速旋转而在环内产生的附加张力，当时有些中学教员批评赛题过分涉及大学普通物理内容和微积分知识，实属误解。

参加竞赛，有必要掌握考纲的有关补充内容，但同时也要防止部分学生为了追求好成绩而盲目地提早全面学习大学普通物理和高等数学的知识。据此，在竞赛命题方面有一个不成文的约定，就是所编赛题采用大学常规方法去解不会"占便宜"。体现这一约定的赛题很多，第 5 届预赛题题 8 便是一例，简述如下。

一无限长均匀带电细线弯成如图 1 所示的平面图形，其中 $\overset{\frown}{AB}$ 是半径为 R 的半圆，射线 AA' 平行于射线 BB'，试求圆心 O 处的电场强度。

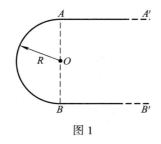

图 1

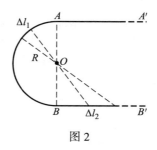

图 2

设电荷线密度为常量后，采用中学小量分析方法，只要简单地证明图 2 中一对线元 Δl_1，Δl_2 对 O 点的场强贡献相互抵消后，即可

得知 O 处场强为零。采用大学常规方法,则需要对所有 Δl_1, Δl_2 的贡献分别作矢量积分。即使应用大学普通物理教材中作为例题给出的均匀带电直线段外场强分布公式,省掉 Δl_2 的直线积分,但 Δl_1 沿半圆周的积分仍要由学生给出。两种方法相比,后者确无便宜可占。

竞赛章程中"命题原则"部分规定,竞赛命题"……既要考查学生的基础知识,又要着重考查学生的能力"。前一种考查的原因在于基础知识的重要性,后一种考查尤其显示出竞赛有别于高考。尽管都是考查,后者却冠以"着重"一词,更具有竞赛特征。

赛题可粗略地分为基本题与能力题两类。

基本题一般出现在预赛中,主要考查基础知识,难度相当于高考难题水平。最近基本题所占比例有所增加,为的是使竞赛更具有广泛性。可以设想,如果预赛题都是所谓的难题,绝大多数参赛者得分极低,怎能激发众多学生学习物理的兴趣?据了解,有不少被教员和同学认定的"强手",预赛中基本题大量丢分,无论其原因是哪些方面的,归根结底均与基础知识不扎实有关,值得教员重视。

能力题离不开基础知识,但更注重于物理思想、物理方法和过程分析。预赛中也有相当一部分能力题,决赛题一般均属能力题。

物理学思想内容丰富,例如对称性思想便为其一。竞赛中出现的计算等效电阻或等效电容的题目,常可利用对称性来简化求解。

物理方法灵活多样,前面所述第 5 届预赛题题 8 求解中采用的小量分析方法,便是能力题中常涉及的一种物理方法。又如采用参照系选择法,往往可以将某些赛题化难为易。物理方法贵在创新,个别能力强的学生,临场能用非常规的方法巧妙解题,这是最值得教师赞赏的。

过程分析体现着学生逻辑思维的能力。例如第 5 届预赛题题 15,主要内容是高处自由落下的小球与水平大质量旋转圆盘发生有摩擦的碰撞,要正确解题首先要确定小球反弹速度的方向和大小。逻辑思维能力强的学生自然会对碰撞中摩擦力的作用过程进行分析,这是关键,否则不可能得出完整的解答。

我国理科教学历来偏重理论,各类考试题目多是由教师设计编制而成；而世界发达国家的教育界则看重实践，这在他们为国际物理奥林匹克编制的题目中反映出来。例如1995年第26届赛事中，东道主澳大利亚命题者所编3道理论题，其中两道来源于当代科学研究问题，另一道来源于实际问题。两种类型题目各具特色，均有长处和短处，不可一概而论。事实上，若要求所有题目都取自科学研究和实际，那是不可能的，应当合理搭配。

以往国内竞赛中的能力题大多属于理论型的，最近几届赛事中逐渐出现实践型的能力题，尤其是1994年第11届决赛6道题中，多达4道题取材于现实事物（照相、放风筝）和科技装置（海浪发电的航标灯、电子张弛振荡器）。

能力题类型变化的上述趋势已开始被大多数关心竞赛的中学教师所接受和肯定，这无疑会间接地对我国中学物理教学的改革产生某些积极的影响。

大家都说当学生很苦，苦就苦在要考试。参加竞赛就更苦了，因为竞赛要做的题目更难。解难题是很苦的，编难题也不容易。IPhO秘书长W. Gorzkowski在他编著的《中学物理奥林匹克趣题选及解答》（章达君、赵凯华编译，湖南教育出版社1990年版）一书的前言中提出："奥林匹克试题必须是各种习题集、课本或能得到的其他书刊中都找不到的原始题。"由此可见，竞赛题目的难是难在它的原始性上，而未必是难在它的复杂性上。原始题谁也没见过，题海战术无法应付，这样才会起到考查学生能力的作用。原始题不好编，一般来说，教员编这样的题所花费的时间和精力远远超出优秀选手解题所花费的时间和精力。幸好那些善于解答难题的学生不了解实情，否则他们也许会呼吁每年多搞几次竞赛，以此来挑战那些"可恶"的编题老师。当然，教员编题基本上不受时间限制，更何况编不出来就算了。赛场上学生做题时间有限，辛辛苦苦准备几年，题目再难也不敢轻易放弃，哪怕写上几个有关的公式，多得1分是1分，这是辅导老师传授的策略。真可谓命题者、解题者各有难处。

事实上，竞赛很难保证每道题都具有原始性。随着竞赛届数的递增，严格意义上的原始题所占比例便会降低，无论IPhO还是

CPhO 都是如此。为了解决这一问题,国内竞赛早就采取了征题的措施。尽管如此,最近几届,对于决赛中陈题的议论一直困惑着赛场内的领队、教员。

一年一度的全国决赛场面,会使我们上岁数的人联想起儿时所看戏文中的进京赶考。第 1 届全国中学生物理竞赛决赛就在首都北京举行,以后转移到其他城市,每年地点不同。选手们都是高三甚至有个别是高二的学生,年龄都很小。岁数小,大人不放心,报到处除了领队、教员外,还可以看到许多长者,他们自然是学生的父母。家长在身边,其实往往利少弊多。例如有些家长,在学生临考前还千叮咛万嘱咐,希望孩子考好,无形中给学生增加了精神负担。家长在身边,孩子产生了心理压力,反而不能正常发挥,影响竞赛成绩,真是可怜天下父母心! 记得有一位选手,地方选拔名列第 1,老师、家长随行,听了太多鼓励的话,理论考试前的晚上彻夜不眠,考场上败下阵来,又连锁反应影响到实验考试,赛场上师生都哭了,确实令人感慨。

北京大学教员第一次去赛地为 IPhO 中国代表队的选拔做前期准备工作是在 1990 年 10 月。当年的决赛在福州的福建师范大学举行,旁听口试,给笔者印象最深的是上海选手王泰然和任宇翔。他们在讲述两道题目的解答时,条理清楚,边写边说,面对众多主考官,几乎看不出有什么紧张的情绪,使人感到惊讶。事后,通过他们的辅导教员,上海华东师范大学第二附属中学的张大同老师再次见到这两名学生,仔细端详,王泰然个子不高,一脸稚气;任宇翔长得挺拔,且眉清目秀。交谈时发现,他们对物理学科的兴趣极为浓厚,据张老师介绍,因为酷爱物理,他们自学了许多课外知识,把学习当做精神上的一种追求,从中享受到人生的乐趣。对这样的孩子,兴趣为本,奖牌在次,考试时的紧张程度自然会大大降低。

决赛中,宣佩琦是又一个几乎紧张不起来的学生。他的兴趣爱好极为广泛,除了物理,还喜欢数学、计算机。进入物理集训队后,仍差一点让清华大学的吴文虎教授选去参加国际信息科学(计算机科学)竞赛,吴教授称他是个怪才。参加第 22 届 IPhO 后,宣佩琦在北京大学物理系读书,接着去美国加州大学伯克利分校读研究生。

在他离开北京大学两年后，物理系低年级的学生仍是几乎没有一个不知道宣佩琦这一名字的，因为讲授理论物理的几位教授每每感叹学生考试成绩今不如昔时，免不了会在课堂上念叨起宣佩琦来。我也很惦念他，这个孩子的数理思维能力非常强，我们之间的师生情谊很深。1996年6月，我在北京大学物理大楼给那年参加IPhO中国代表队的5名队员讲课，当时宣佩琦正在办理毕业出国手续，偶然发现我们在一个小教室里上课，便经常去那里找我。一次，他郑重其事地带了女友在课间休息时来见我，她是宣佩琦的中学同学，名叫斯凡，北京医科大学刚毕业。斯凡很文静，我觉得两人挺般配，就实实在在地祝福他们，宣佩琦很高兴。我忘不了的是，他执意要与那5名队员一起最后听一会儿课，还把我新编的题拿了去做……可惜，再好的孩子，长大了总是要离开父母、师长远去的，只是相隔万里，太远了些。

北京选手夏磊早已为我熟悉。第一次见到他是在北京大学物理实验室里，当时他正在参加北京地区实验复试，有人向我介绍了这位北京四中的优秀学生。夏磊长得很憨厚，说起话来总是笑嘻嘻的，他为人忠厚，性格却很坚强。决赛理论考试后，自知有一道题没有做好，这种情况下，有的选手会因情绪波动，影响后面的实验考试。夏磊是个有毅力的孩子，他很快调整了自己的心理状态，实验考试中发挥出色，得了高分，接着又顺利地通过了口试，进了国家集训队，最终又入选第22届IPhO中国代表队。在古巴的国际赛事中得了金牌后，他也在北京大学物理系读书，毕业后赴美国加州理工学院读高能物理研究生，经常随导师去欧洲做实验。

1991年9月，在广西举行了第8届全国中学生物理竞赛决赛，理论考试在桂林举行，这是为了能让参赛学生和带队老师游览桂林山水而特意安排的。一次在饭厅就餐时，河南省的山宗欣老师把我拉到他们的餐桌上，当他向我介绍开封高中学生石长春时，这个孩子很不好意思，白皙的胖脸红了起来，低着头使劲用筷子往嘴里扒饭，却不敢夹菜，样子非常可爱。我望着他，不时地给他夹菜，这孩子更不好意思了，鼻子尖上都冒出了汗珠，这是我第一次见到石长春。"如此腼腆，"我开始杞人忧天地想，"将来的终身大事可能都是个问题。"没想到这一问题后来竟然拐一个弯得到了圆满的解决。石长春从北京大学物理系转学到加州理工学院物理系后,为了弥补自己在计算机科学方面的不足,买了台个人电脑,在互联网上结识了在国内福州读书的女孩,如今两人已在美国相聚并继续读研究生。

实验考试在南宁举行,决赛后名次随即排出,个人第1桂冠被湖南师范大学附中学生李翌摘取。按规定,他将代表全体参赛选手在闭幕大会上发言。那一天他穿戴整齐,雪白的衬衣格外引人注目,他举着讲话稿朗读,他的语调、脸上的每一个神态都在告诉别人:"我还是个小孩。"我注视着他,听到的只是声音,却不知说的是什么,我的思绪已回到了自己的中学时代,回到了一次联欢会上,仿佛听到当年的同学对着话筒朗读诗歌……这是同一种声音,岁月越久,越是留恋这种声音。两年后,第25届IPhO在北京举行,李翌和北京大学西语系的一位女同学共同主持开幕式,尽管他还系了领带,说的是英语,但仍然是同一种小大人的声音,丝毫听不出他比两年前成熟了多少。

老师喜欢学生,尤其喜欢勤奋努力的学生。教员尤其喜欢那些既懂得思维价值又充满童真的孩子。李翌在我家样子十分可爱,他喜欢吃我夫人做的北方馅饼,因为里面的肉馅实在很多。吃了几个吃不下了,到小阳台上散一会步,回到桌边继续吃。石长春和李翌一样,都擅长逻辑思维,他在北京大学物理系一年级读书时,便选修了基本上是为高年级学生开设的拓扑学课程,学得还挺轻松,考试成绩优秀。李翌善于运用中学几何添加辅助线的证明方法来解物理难题,中学时他就编过一道寻求快速降线的运动学题目,要求解题者通过几何作图给出解答,并给出证明。

物理竞赛中,有相当一部分优秀选手发展全面,兴趣广泛。这方面,韦韬又是一个典型的例子。1992年10月,在合肥中国科技大学举行的第9届物理竞赛决赛中,南京师范大学附中学生韦韬获得个人第1名。据他的父亲介绍,韦韬读小学时便开始对计算机发生了浓厚的兴趣。为了能看懂并自行设计程序,上初中前,在他父亲指导下自学了初中数学,这又使他迷上了数学。初中期间多次参加数学竞赛,屡屡获奖。进入高中后,韦韬尤其注意全面发展,各门功课成绩名列前茅,但对计算机、数学和物理格外感兴趣。1992年10月,全国物理竞赛决赛和全国数学联赛同时举行,11日韦韬在南京参加完数学联赛,下午赶到合肥,为的是参加第二天物理决赛的理论考试。成绩揭晓,韦韬获省数学一等奖第3名。后来韦韬进入国家教委物理试验班,接着被选为中国代表队队员参加第24届IPhO,荣获银牌,1993年秋就读于北京大学物理系。人生历程有必然性,也有偶然性。如果全国计算机决赛或者数学决赛早于物理决赛,韦韬也许会入选到计算机或者数学代表队参加国际竞赛,接着也许会在清华大学计算机系或者北京大学数学系度过他的大学生活。

竞赛中也存在着偶然因素,因此有人说:没能通过全国物理决赛入选国家集训队或进入物理试验班的未必是弱者,选上的未必是强者。这话有一定道理,但不全面。因为总体的比较应该是更为公允的,对于这种比较,相信大多数人都会承认,入选群体必定优于落选群体。因此,迄今为止,全国物理竞赛的决赛事实上一直是IPhO中国代表队选拔的第一阶段,这是公允的,也是科学的。

2. 集训队与试验班

1986年4月,在上海举行第2届全国中学生物理竞赛决赛,5名获一等奖的学生随即来到北京大学物理系补课和培训,这便是我国为参加IPhO首次组建的国家集训队。补课和培训时间非常短,从中选出林晨、卫星和张明组成第1支中国代表队,赴英国伦敦参加第17届IPhO。

1987年2月,在天津举行第3届全国中学生物理竞赛决赛,从中选出16名优胜者组成第2支国家集训队,接受北京大学教员的补课。经过选拔考试,陈恂等5名学生入选中国代表队,培训后参加第18届IPhO。

1987年,国家教委为培养优秀物理人才,委托北京大学一附中组办物理试验班。1988年初对全国各地高二学生招生,通过考试选拔出20余名学生进入第1届物理试验班。

1988年1月,在兰州举行第4届全国中学生物理竞赛决赛,赛后组成了第3支国家集训队,其中陈岩松等5名学生入选国家代表队,参加第19届IPhO。

1989年1月,在广州举行第5届全国中学生物理竞赛决赛,除了全国各地选手外,北京大学一附中物理试验班的学生全体参加了决赛,但在向社会公布的获奖名单中没有将他们列在内。赛后组成第4支国家集训队,其中部分来自物理试验班。最后,参加第20届IPhO的中国代表队队员中,除了北京四中的燕京和长沙一中的邱东昱外,毛甬、葛宁和林晓帆都是试验班的学生。

1989年初,北京大学一附中成立了同样性质的第2届物理试验班。

1989年12月,在长春举行第6届全国中学生物理竞赛决赛,获奖名单中将试验班的学生列在内,试验班学生周纲荣获一等奖第1名。赛后,于1990年初组成第5支国家集训队,其中西安交通大学附中学生吴明扬、长沙一中学生陈伯友和试验班学生周纲、杨巍、段志勇组成中国代表队参加第21届IPhO。

1990年,因经费和其他诸多原因,试验班停办。

1990年12月,在福州举行第7届全国中学生物理竞赛决赛,1991年初组成第6支国家集训队,其中王泰然等5名学生参加第22届IPhO。

至此,物理国家集训队共办6年。从1987年起,集训队都是从2月份开始上课。中国物理学会聘任北京大学物理系普通物理教研室若干教员为队员们开设力学、热学、电学和电路课程,聘任普通物理实验室若干教员为队员开设相应的实验课程。

集训的性质是补课,因为IPhO考纲的许多内容在我国均属大学普通物理内容,补课是绝对必要的。补课的时间很短,仅两个月,4月中旬便须结束。培训期间和期末,在理论课方面队员须参加力学2次考试,热学、电学、电路及综合各1次考试;实验课方面须参加力学-热学1次考试,电学、电路、光学各1次考试。理论考试总分折算成300分,实验考试总分折算成200分。全部总分列前2名或前3名者,一般即入选IPhO中国代表队。其后约取5名学生进行加试,开始时只加试理论口试,后来又加试实验复试。中国物理学会沈克琦、赵凯华、丛树桐3位教授和全体理论课教员出席理论口试,普通物理实验室主任朱世嘉教授主持实验复试工作。加试成绩按一定权重折算成相应的分数,与前面的总分相加,由最后的得分排序确定代表队其余队员。5人名单由中国物理学会经中国科协青少年部上报国家教委,获准后,IPhO中国代表队正式成立。

5月初,5名队员继续上普通物理的光学课和近代物理课,同时接受为参加IPhO而进行的培训。培训目的非常明确,就是针对竞赛,培训课程简单,仅有理论综合训练课、实验提高课和每周半天的英语口语课。培训直到参赛启程前一周结束。

中国代表队在IPhO的竞赛成绩总体呈上升趋势,在国际赛场上难免有所议论,议论自有正、反两个方面。正面的议论暂且不提,反面的议论集中在中国代表队的培训时间上。如何评估和对待这种议论,各人的观点和态度不尽相同。但是,国内参与这一工作的多数人士认为,集训队上的课纯属补课,5月份才真正开始进行培训。但为避免误会,省去不必要的解释,对外统一口径,只报道5、6月份的培训。然而,如何处理好先期补课的问题,一直是圈内人士关心的事情。如果不补课,培训2～3周后即拉出去参赛,形式上似乎向西方国家一些代表队看齐了,然而实际情况是西方国家代表队的队员多来自高一级水平的中学,那么实质上中国代表队相对那些国家代表队将处于不平等地位。当然,若是像个别国内教学条件远较我国落后的石油富国那样,加盟IPhO单纯是为了让师生参与国际交往,我国也就丝毫不必有竞争心态;否则,在反对金牌主义的同时,也没有必要在国际公平竞争中为迁就有失公允的议论有意使自己的学生处于劣势。也有一种观点认为,可以不专门组织大学教员补课,让学生自己准备。如果学生纯粹自学,不允许教员辅导,这仍然是不公平的,因为国际上较高一级的中学学生在校学习期间是有教员教课的,为什么我们反要规定自己的学生不能接受教员的辅导呢?事实上,也不可能指望各地中学能充分地去执行这个方案。现阶段的中学教员很难为参加IPhO的学生上辅导课,校方与地方教育部门势必会请本地区或者跨地区的大学老师帮忙,圈子又兜了回来。因此,如何寻求一个相对而言较为可取的方案,确实值得探讨。

1991年,国家教委、中国科协和中国物理学会三方有关人士进行了一系列的磋商,最后决定重建物理试验班。

重建物理试验班的首要目的是对物理学习优秀的少数学生进行特殊教学,旨在提高他们的物理学科素质,为日后进入理工科大学深造打下更好的基础。试验班的 25~30 名学生全部是全国中学生物理竞赛决赛的优胜者。为了保证教学时间,一是将全国决赛时间提早到 9~10 月份,二是全部试验班的学生都可以保送上大学,省去高考复习需要花费的时间。物理试验班仍设在北京大学一附中,高中部分教学内容由一附中教员承担,提高部分内容由中国物理学会聘任北京大学物理系普通物理教研室和普通物理实验室部分教员承担。为了确保选入的学生全面发展,对在物理决赛中的优秀选手附加综合考试,内容包括语文、数学、化学和英语。试卷由北京大学一附中命题和评定成绩,成绩过线者方能进入试验班。试验班的教学和管理,大学方面由丛树桐教授负责,中学方面由孙振彪副校长负责,生活上特请一附中的金震英老师承担班主任工作。

试验班教学的主要内容是那些在国际上较高一级中学物理教学中涉及的而在我国则属于大学物理教学的内容。教学的特殊性在于:教员讲授中更侧重物理思想(尤其是近代物理思想)和物理方法,教学中格外强调学生自学。这样的教学实质上是高层次的因材施教,从中取得的经验无疑具有教育学的价值,这是重建物理试验班的第二个目的。

上述教学内容恰好与 IPhO 考纲内容相符,这是自然的,因为 IPhO 考纲正是根据国际上较高一级中学物理教学涵盖的内容来制定的。于是,在适当时间从试验班中选拔参加 IPhO 的中国代表队便是顺理成章的事情,这是重建物理试验班的第三个目的。

每一个国家都有权利根据本国的具体情况设置不同性质和不同层次的中学。在我国,为少数物理学习优秀的学生组建的物理试验班,作为一种教学尝试,国际上本无可非议。倘若为避 IPhO 中国代表队培训时间过长之嫌,宜在 5 月下旬选出代表队更为妥当些。但因参赛报名及出国办护照、签证等手续烦琐和其他原因,不得不在4月底选出代表队,这样一来,培训时间长的阴影便始终未能抹去。这一阴影的存在,使得物理试验班的正面效果在面对公众时遮遮盖盖,教育界本来对参加IPhO以及举办物理试验班有不同观点的人士便更有所误解。最终,由于投入力量不足、中学教员不可能介入试验班主体教学、大学教员负担过重等诸多因素,重建的物理试验班历经5届之后,而今又成为了历史。

试验班的教学时间虽然只有5个半月,但与集训队补课时间相比还是多出了3个月。要讲授的内容很多,有力学、热学、电学、电路、光学和近代物理等课程,还要上相应的实验课。此外,高中未上完的课也要继续上。讲课时在传授知识方面,尽可能深入浅出,展开处点到为止,黑板上很少数学推演,学生也觉得这些内容书本上都有,课下不难看懂,即使书本上没有,自己也能推导出来。一般来说,能力强的学生不太喜欢教员在课堂上照本宣科。在传授知识方面省下的时间,多用来强化物理学史、物理思想和物理方法的教学。

试验班的学生多数都有较强的数学基础,数学讲究严谨性,个别数学功底好的学生觉得物理课上经常讲近似,因此误以为它是一门不严谨的科学,这种误解有一定的代表性。记得过去给数学系学生讲阿基米德原理可以从液体重力压强差公式推导出来时,有一位学生站起来发难:"既然是可以被导出的,为什么还称之为原理?"是啊,在数理逻辑系统中,原理是至高无上的,怎能被降到可以导出的地位呢?我向他解释,物理工作者并非不懂得数理逻辑,而是出于对阿基米德的尊敬,顾及历史仍称之为原理,"你想想,两千多年前的阿基米德不知道洗了多少次澡才'洗'出了这一定量关系,容易吗?"试验班的一名学生进入某大学后,一次告诉我,他们的数学老师特意去听了一堂物理课,回来后在讲台上感慨:物理课实在太不严谨了!在试验班的教学中,教员们非常注意纠正学生的这种误解,让他们理解物理学作为量化程度最高的一门自然科学,其严谨性无可非议,只是物理工作者更注重的是逻辑的实质,而不太过分受逻辑的形式的约束。在介绍某些物理学家擅长的估算方法时,也强调了估算依据的严谨性。例如,在小议人体密度$\rho_人$为何可以估算成水的密度$\rho_水$时,有的学生认为:如果$\rho_人$比$\rho_水$大许多,绝大多数人就不可能学会游泳；如果 $\rho_人$ 比 $\rho_水$ 小许多，小学生学游泳将会是件非常容易的事，事实并非如此，可见 $\rho_人$ 与 $\rho_水$ 相近。这就是估算依据的严谨性。接着有的学生借题发挥："黑种人的密度比其他人种的密度大。"我问："为什么？"回答是："因为奥运会的各类游泳项目始终是黑人运动员的弱项。"课堂一片哗然。

教学重在启发。有一次在讨论拉普拉斯"宇宙方程"是否可解时，大部分学生认为是不可解的，原因在于：如果有解，如果解中显示今天下午 5∶00 下课，我们就应该必然在下午 5∶00 下课，然而大家都知道，这不会是必然的，因为师生们可以"捣乱"一下，坚持到 5∶05 再下课。问题是求解的困难究竟何在？此时学生众说纷纭，有的同学将困难归咎于量子理论中的测不准原理，另一些同学则对此持异议："测不准原理未必是终极真理，如果被修正或者否定了，怎么办？"于是我将黑板擦干净，问学生能不能在纸上将黑板画下来，学生们大笑："幼儿园里的小朋友都能！""那么谁能到前面来，在黑板上将黑板画下来？"学生们一愣，忽然都大笑起来。不用再问，笑声中这些聪明的孩子明白了在黑板上画黑板是件不可完成的事情。在笑声中，他们也已领悟到，人作为宇宙存在的一部分，不可能解出"宇宙方程"，这一不可能性由循环影响确定，而与物质世界运动演化究竟满足什么样的具体规律无关，就如同静电学中无穷大、均匀带电平面的面上场强为零这一特征，仅由普遍的因果对称关系确定，而与库仑定律具体取什么形式无关一样。

教试验班的学生虽然很累，但也是一种精神上的享受。为了激发学生的兴趣，我在骑车去北京大学一附中的路上，还常想着编一些有趣的问题供学生讨论。例如："开普勒第二定律可以用角动量定理导出。角动量定义为矢径与动量的矢积，矢积运算只能在三维空间进行操作，如果世界是四维空间，你认为开普勒第二定律还能导出吗？""设计一种动力学方法，求解参量为 A, B 的双曲线顶点处的曲率半径。""写出 n 维空间理想气体的麦克斯韦速度分布律，求出分子的平均速率。""设计一个模型，讨论飞虫在雨中的平均自由程。""分析毕奥-萨伐尔定律与点电荷静电场强之间的对称关系。"这些问题也许都可以算做"马路问题"，但对启迪学生的思维有一定效果。有时我甚至会在课堂上出一些小数学题,除了活跃一下气氛,也有启发学生灵活思考的用意。在讲分子运动论时要涉及概率,讲课前我先讲了一个小故事:"我们年轻时水果糖凭票供应。过春节多配给几两,有些大人便在串门时用糖块逗弄孩子。他们把双手放在背后,将糖藏在手心,然后伸到前面让孩子猜,猜中给吃,猜不中重新猜一次。善良的大人往往让孩子每次都猜得着(例如两只手里都有糖);狡猾的大人却可以让孩子总猜不着,孩子越猜不着,这个大人就越来劲,十分可恶。现在你们帮孩子想个办法,教他怎么猜不吃亏。"同学们回答得极为踊跃,一个说:"只猜右手。"另一个说:"这不行,一次猜左手,一次猜右手。"还有的说:"那也不行。"更有人说:"瞎猜!"我问:"怎么个瞎猜?"这时,冷不防会有一位学生心平气和地说出三个字:"抛硬币。""哗……"教室里顿时开了锅。是啊,方法如此简单,大人伸出手,小孩当着他的面抛一个硬币,正面朝上猜左手,反面朝上猜右手。问题的性质完全变了,现在成了大人猜小孩抛硬币了,能耐再大,猜中的可能性(即概率)也是二分之一。我说:"这样一来,大人不愿意玩了。"学生的回答很干脆:"不玩更好!"孩子总是向着孩子的。

　　试验班的教员,无论是理论课教员还是实验课教员,对教学工作都极为认真。对尖子学生,有些人主张教员不必去教,完全可以让他们自己去学。试验班的教员认为这是片面的,因为这里显然存在效率问题。实践早已证明,教、学结合培养成才的效率远远高于自学成才的效率。科学发展到现在,要想完全依靠自学便能达到近代物理高水平的可能性已经微乎其微。既然教员就在周围,为何不用他们呢?问题在于对尖子学生,教员应该探索出一种特殊的教学方法,使学生在课堂上受益更多,再配合课下自学,进步更快。教与学始终是相辅相成的两个方面,对于能力层次不同的所有学生均是如此。我们反对包办式的教,也反对放任自流的学。

　　其实在试验班的教学中,学生的自学是一个非常重要的组成部分。由于课时少,在传授知识方面,教员在课堂上只作重点讲解,展开部分必须通过学生课下自学来获取。为了进一步训练学生的自学能力,我们常将某些章节或课外参考部分布置成课下自学内容,专门安排课时由学生主讲。主讲不能轮流坐庄,事先约定采用抛硬币的方法,进行平面坐标二分之一扫描寻的定位,让每个学生非准备不可。学生讲课,非常可爱。有的孩子一上台,大概是日本电视剧看多了,先对台下深深地一鞠躬,惹得同学们满意地点一下头,"老师"如此抬举学生,真是难得的享受。也有孩子尚未站稳,便将两只袖子往上一撸,大家瞪着眼,不知道他要干什么。有一个学生登台讲课的时候,讲着讲着,忽然不知动了哪根神经,自己捂着嘴一个劲地笑起来,其实他所讲的潮汐问题一点笑料也没有,不过台下的同学还是很配合,陪着大笑起来。讲课时只抄黑板不说话的学生占多数,经过开导,有不少仍然沉默寡言。我们当教员的经常戏称自己是耍嘴皮的,看来耍好嘴皮也不那么容易。讲课出色的学生也有,1993年试验班学生杨亮就是其中之一。他语言流利,板书整齐,戴着深度的近视眼镜,很像个小博士。这孩子很用功,理发的时间都舍不得花,头发长得比女孩子的还长。

　　对试验班的学生,教员还要求他们自己练习编题,这种训练早在集训队时便开始了。当时发现,有的学生一进考场就紧张,我便想出了一个主意,让他们自己编题。我对学生说:"当你编题的水平超过了我,考试时拿起试卷看一遍,你一定会对自己说,这题编得不怎么样。那时,你想紧张也紧张不起来了。"其实,这样做最主要的目的是培养学生的创造性思维能力。学生编题,有的教员主张把一些规律性的东西介绍给学生。其实,学生编题重在创意,何必言规律,还是让他们顺其自然为好,编造出什么样的题都可以,以免造成负担。下面用一些篇幅来介绍学生编题的情况,其中不乏珍贵的童趣、智慧的火花和惊人的想象力。

　　"特技演员从10层楼的房顶上跳下来,地面上放一根什么样的弹簧能……"编题的学生在黑板前还未把题念完,下面便起哄了:"就一根弹簧?哈哈……"

　　"在水平桌面上放置一叠54张纸牌,"1994年试验班学生於海涛慢条斯理地刚给出第一个陈述,便引起一阵喝彩:"好啊,想玩牌了!"不过於海涛编的题目确实非常精彩:"每张牌的质量均为m,用手指以竖直向下的压力N压住第1张纸牌,并以一定速度向右移动手指,确保手指与第 1 张纸牌之间有相对滑动。设手指与第 1 张纸牌之间的动摩擦系数为 μ_1,牌与牌之间的动摩擦系数均为 μ_2,第 54 张牌与桌面之间的动摩擦系数为 μ_3,并且 $\mu_1 > \mu_2 > \mu_3$。问开始时各张牌的加速度是多少? 请考虑 μ_2 与 N 取不同值时的情况。为了表述方便,解答中可引入 $\beta = \dfrac{N}{mg}$,以表述 N 的大小。"

於海涛的同学倪彬在北京大学澡堂洗澡时,仿效先人来了灵感,编出了这样一道题:"北京大学浴室水龙头的水量是由脚下的踏板控制的,假设水龙头流量(单位时间内流出的水的质量)Q 与踏板下压量 X 有如下关系

$$Q = C_1 X^n$$

其中 C_1, n 均为常量,且踏板下压量 X 正比于所加压力 p,考虑踏板仅由水的冲压力而形成的平衡位置,假设水的下冲压力 p 正比于 Q,那么便有

$$X = C_2 Q$$

其中 C_2 也为一常量。试确定踏板平衡位置的稳定性。"

讲课时我曾提到过,可以用运动学方法求解数学曲线的曲率半径分布,倪彬觉得不过瘾,很快又编了这样一道题:"已知某平面曲线的切线在 x 与 y 坐标轴之间的线段长为定值 a,试用物理方法确定其方程。"要不是他把题解悄悄地塞给了我,我还真有点不知所措。解答的关键是:"考虑一个两端点 A, B 分别被限制在 x 坐标轴和 y 坐标轴上运动的、长为 a 的刚性细杆,在它运动的每一瞬间,杆上(或其延长线上)总可以找到一点 P,其速度方向与杆平行,容易看出 P 就是这一瞬间杆与曲线的切点,把所有的 P 点连接起来就是所求曲线。"最后,所得曲线的方程为

$$x^{\frac{3}{2}} + y^{\frac{3}{2}} = a^{\frac{3}{2}}$$

於海涛、倪彬的师兄,1991 年试验班的张霖涛看人家打台球,编了这样一道题:

有一个正方形台球桌,桌的四个角有四个洞,桌上摆有两个质量相同的小球 A 和 B。设桌面无摩擦,且所有碰

撞均为无切向摩擦的完全弹性碰撞。A,B 静置于桌上后，用杆打击 A，使其与 B 碰撞，由于 A,B 两球都很小，可略去球的转动，但球终究不是几何点，A 可以朝着 B 的球心，也可以朝着 B 的其他边缘部位撞击。

（1）若要求两球碰撞后不与桌壁相碰，分别直接落入球洞，问 A,B 在球桌的表面应怎样摆放？

（2）若要求两球碰撞后各与桌壁相碰一次，再落入球洞，问 A,B 在球桌的表面应怎样摆放？（题解见本节末附录）

张霖涛的同学李翌也是位编题高手，他编的一道电学题，稍稍修改后曾被用来考他的师弟师妹们。题目是这样的：

图 3 所示的纸平面代表某惯性系的一个平面，此平面上有以 O 点为力心的径向向心静电场，其场强分布为

$$\vec{E}(\vec{r}) = -Kr^{-\beta}\frac{\vec{r}}{r}, \quad \beta \neq 1$$

式中 $\vec{r}$ 是平面中所要考察的点相对 O 点的位矢，K 为正的常量，β 为常数。

场中 S 点是一个带电粒子发射源，每个粒子的电荷同为 $q>0$，质量同为 m，粒子间的相互作用可略。理想情况下发射出的粒子具有横向速度 $\vec{v_0}$，而后粒子恰好能绕力心 O 点做匀速圆周运动。

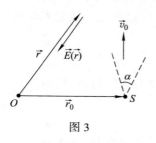

图 3

（1）确定 S 点相对 O 点的位矢 $\vec{r_0}$ 的大小 r_0。

（2）假设发射出的粒子束在横向邻域有一个很小的散射角 α 范围，如图 3 中虚线所示（注意，图中 $\vec{v_0}$ 矢量线在 α 角范围内，但未必居中），但每个粒子的初始速度仍为 v_0，试问 β 取哪些值，可使

这些粒子重新会聚且会聚点与 O 点的距离仍为 r_0?

再求第一次重新会聚前粒子束绕 O 点转过的角度(称为聚焦角) ϕ_1,以及从 S 点开始转到 $\phi_1/2$ 时粒子束的径向宽度 Δr_1,并就 $\beta=-13$ 的特例画出粒子束绕 O 点转过 2π 角的轨迹。

(3)保留第(2)小题开始时定出的 β 的取值范围,设从 S 点发射出的粒子束无散射,但横向速度大小分布在 $v_0 \sim v_0+\Delta v_0 (\Delta v_0 > 0)$ 的小范围内,于是粒子束将会先散开而后又会聚于一点。试求这种情况下的聚焦角 ϕ_2,并求从 S 点出发转到 $\phi_2/2$ 时粒子束的径向宽度 Δr_2,最后仍就 $\beta=-13$ 的特例画出粒子束绕 O 点转过 2π 角的轨迹。(题解见本节末附录)

李翌非常体谅教员编题的辛苦,在转学出国前,他将自己所编题目的草稿全部送交给我,虽然我和同事们不久便"退出江湖",但这本题稿我一直保留着,留作永久的纪念。

个别尖子学生过分受宠,自私心态时有表现,这是事实,但毕竟还是少数。试验班的同学多数天真可爱,除了选拔考试,平时很难觉察出他们是彼此竞争的对手。课间休息以及课后,不少同学仍扎堆讨论各种假想状态下的物理问题。1994 年试验班的 3 个女同学付少华、黄静和洪霞,几乎是形影不离,"三位一体"。如今分别在哥伦比亚大学、纽约州立大学、耶鲁大学读研究生,约定经常相聚,希望情谊长久。1995 年试验班学生徐开闻一天夜里突然发高烧,找不到教员,同学们背着他去医院看急诊,打吊针,整夜守护着……

从古至今,父母惦念儿女的多,儿女惦念父母的少,这也许可以从社会生物学的角度得到解释。少,也还是有,李翌就是这样的孩子。一次下课较晚,同学们匆忙整理东西,准备去吃晚饭,李翌却坐在那里发愣。我过去问他,原来他母亲数月前骑自行车被卡车撞了,受伤住院,家中怕影响他的学习未告诉他,寒假回家后他才知道,现在母亲还在养伤。李翌说话的语调充满了委屈,给我留下了深刻的印象。过了两年,我去长沙讲课,他来住处看我,告别后走到院子大门还回过头来望望我。这样的孩子,现在跑到地球的那一边求学去了,非常令人思念。

试验班的学生除了会读书,还有各种特长。有的孩子精通围棋,也有的是桥牌高手,有的孩子爱侃哲学,也有的能大段大段地讲述金庸的《射雕英雄传》。较早(1989年)的物理试验班有个叫任万万的河南胖男孩,全班数他年龄最小,上课坐在第一排。下午上课时,总好像中午觉没有睡够,老爱打瞌睡。教员们都很喜欢他,觉得反正小孩很聪明,学习跟得上,考试成绩优秀,由着他迷糊一会儿吧。这孩子也有绝招,站在街上蒙住双眼,听一下发动机声响,便能准确说出路过的小轿车或者吉普车是什么牌子的。同学们在这一点上都很佩服他,因为他从来没有出过错。前几年任万万经清华大学推荐,保送到北京大学物理系读研究生,他到家里看望我,我在众人面前夸起他的本领,他却谦虚起来:"那时车少容易辨认,现在新车的型号太多,我不行了。"最近他也出国读博士研究生去了。

附　　录

张霖涛编题解答

(1) 设 A 以 $\vec{v}_0$ 速度朝 B 运动,且与 B 的边缘 P 处相碰。建立如图4所示的坐标系,将 $\vec{v}_0$ 分解为

$$v_x = v_0\cos\theta, v_y = v_0\sin\theta$$

碰撞中因 A, B 间无切向摩擦,故碰撞后 A 在 x 方向的分速度 v_x 不变。法向碰撞力的作用结果使得等质量的 A, B 交换法向速度,即 A 失去 y 方向分速度 v_y,B 获得该分速度 v_y。因此碰撞后的 A, B 速度为

$$\vec{v}_A: v_{A,x} = v_0\cos\theta, \ v_{A,y} = 0$$

$$\vec{v}_B: v_{B,x} = 0, \ v_{B,y} = v_0\sin\theta$$

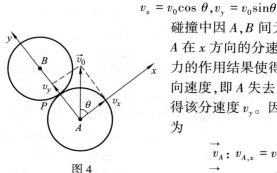

图4

即有
$$\vec{v}_A \perp \vec{v}_B$$

如果 $\vec{v}_A$ 前方为球洞 1，$\vec{v}_B$ 前方为球洞 2，则 A、B 会分别直接落入 1、2 球洞。由于 1、2 两洞位置是固定的，B 球开始时所处的位置必须满足到 1 洞和到 2 洞的两条连线互相垂直的条件，满足此条件的所有位置显然构成以 1、2 两洞连线为直径的半圆周，如图 5 所示。A 球开始时必须摆在该半圆之外，例如 B 球若摆在图 5 中的 B 处，则 A 球应摆在图 5 中画斜线的区域内。球杆击 A 球时需对着 1、2 两球洞之间连线某处，且使 A 球与 B 球发生类似图 4 所示的碰撞。因为题目并不要求作出这方面的详细回答，故此处从略。

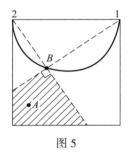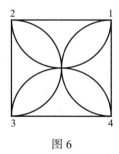

图 5　　　　　　图 6

据上面的分析，对于正方形球桌，B 球必须摆在图 6 所示的 4 个半圆周上。对 B 球摆好的每一个位置，再按上面所述确定 A 球可摆放位置的区域。

需要指出的是，由于 A，B 球均有一定大小，图 6 中各个半圆周靠近球洞的位置实际上不可取。

（2）若 A，B 碰撞后各与桌壁相碰一次，再分别进入球洞 1、2，则可等效为 A，B 分别直接进入图 7 中虚设的球洞 $1'$、$2'$，而 $1'$、$2'$ 各为 1、2 的镜面像。这样，问题又转化为上述（1）问，故 B 球需摆在图 7 所示两个半圆周中的实线部位，A 球可摆在每一实线凸出的一侧之外，即图 7 中画斜线的区域内。

B 球全部可摆的位置在图 8 所示的 8 条曲线上，对每一条曲线，

A 球可摆在该曲线凸出的一侧之外。

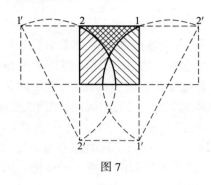
图 7

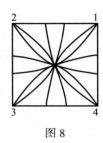
图 8

李翌编题解答

径向电场可改写为
$$E(r) = -Kr^{-\beta}$$
式中负号表示场强指向力心 O 点。

（1）匀速圆周运动向心力由带电粒子所受电场力提供，故有
$$-qE(r_0) = m\omega_0^2/r_0$$
即
$$qKr_0^{-\beta} = m\omega_0^2/r_0$$
可解得
$$r_0 = \left(\frac{Kq}{m\omega_0^2}\right)^{\frac{1}{\beta-1}}$$

（2）由于粒子束从 S 点射出时的发散角很小，粒子的运动开始时稍微偏离圆运动。将粒子在任意时刻与 O 点的距离记为 r，绕 O 点旋转的角速度记为 ω，则可建立如下径向动力学方程和相对 O 点的角动量守恒方程
$$m\ddot{r} - m\omega^2 r = qE(r)$$
$$\omega r^2 = \omega_0 r_0^2$$
在小发射角情况下，近似有

$$\omega_0 = \frac{v_0}{r_0}$$

为使粒子束能重新会聚在 r_0 的距离上,要求粒子在 r_0 附近做小振动,因此 r 对 r_0 的偏离应为小量,可记为

$$r = r_0 + x$$

其中 x 为径向小量,可正可负,于是有

$$\omega = \frac{r_0^2 \omega_0}{(r_0 + x)^2} = \left(1 - 2\frac{x}{r_0}\right)\omega_0$$

将径向动力学方程作如下处理

$$\begin{aligned}
m\ddot{r} &= m\omega^2 r - qKr^{-\beta} \\
&= m\left(1 - 2\frac{x}{r_0}\right)^2 \omega_0^2 (r_0 + x) - qK(r_0 + x)^{-\beta} \\
&= m\left(1 - 4\frac{x}{r_0}\right)\omega_0^2 r_0\left(1 + \frac{x}{r_0}\right) - qKr_0^{-\beta}\left(1 + \frac{x}{r_0}\right)^{-\beta} \\
&= m\left(1 - 4\frac{x}{r_0}\right)\omega_0^2 r_0\left(1 + \frac{x}{r_0}\right) - qKr_0^{-\beta}\left(1 - \beta\frac{x}{r_0}\right)
\end{aligned}$$

将

$$qKr_0^{-\beta} = m\frac{v_0^2}{r_2} = m\omega_0^2 r_0$$

代入,便得

$$\begin{aligned}
m\ddot{r} &= m\left(1 - 3\frac{x}{r_0}\right)\omega_0^2 r_0 - m\omega_0^2 r_0\left(1 - \beta\frac{x}{r_0}\right) \\
&= -m(3 - \beta)\omega_0^2 x
\end{aligned}$$

因 $r = r_0 + x$,故有

$$\ddot{r} = \ddot{x}$$

于是可得关于 x 的微分方程

$$\ddot{x} + (3 - \beta)\omega_0^2 x = 0$$

为使粒子重新会聚在距 O 点 r_0 处,要求上述微分方程为谐振动方程,即得

$$3 - \beta > 0$$

因此仅当 β 的取值范围为
$$\beta < 3$$
时,粒子束才能重新会聚在距 O 点 r_0 处。

x 的振动角频率为
$$\Omega = \sqrt{3-\beta}\,\omega_0$$
Ω, ω_0 各自对应的周期 T, T_0 间的关系为
$$T = \frac{T_0}{\sqrt{3-\beta}}$$
粒子经半周期
$$\frac{T}{2} = \frac{T_0}{2\sqrt{3-\beta}}$$
重新会聚。因粒子原来经 T_0 时间绕 O 点转过 2π 角,现在经 $\frac{T}{2}$ 时间转过的角度为
$$\phi_1 = \left(\frac{T}{2T_0}\right)2\pi = \frac{\pi}{\sqrt{3-\beta}}$$
ϕ_1 即为粒子束的聚焦角。

将小发散角 α 分解为偏离垂直方向(即横向)向外的最大偏转角 α_1 和向里的最大偏转角 α_2,如图 9 所示。那么,朝外、朝里的最大径向初速度分别为
$$v_0 \sin\alpha_1 = v_0 \alpha_1, \quad v_0 \sin\alpha_2 = v_0 \alpha_2$$
它们将对应各粒子 x 变化量中的两个最大振幅量 A_1, A_2,其间关系为
$$v_0 \alpha_1 = \Omega A_1, \quad v_0 \alpha_2 = \Omega A_2$$
粒子束转过 $\phi_1/2$ 角(即经过四分之一径向谐振动周期)时,粒子束的径向宽度即为 A_1, A_2 之和,因此
$$\Delta r_1 = A_1 + A_2 = \frac{v_0}{\Omega}(\alpha_1 + \alpha_2)$$
将 Ω-ω_0 关系及
$$\alpha_1 + \alpha_2 = \alpha$$

代入上式后,即得

$$\Delta r_1 = \frac{\alpha r_0}{\sqrt{3-\beta}}$$

若 $\beta = -13$,则 $\phi_1 = \pi/4$,粒子束转过 2π 期间的轨迹如图 10 所示。

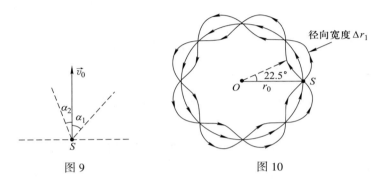

图 9　　　　　　　　图 10

(3) 由于 Δv_0 很小,粒子的运动也是稍偏离于圆周运动。设某粒子的初速率为

$$v = v_0 + \delta v_0, \quad \delta v_0 \leqslant \Delta v_0$$

该粒子的径向动力学方程和相对 O 点的角动量守恒方程分别为

$$m\ddot{r} - m\frac{v_0^2}{r} = qE(r)$$

$$v_\theta r = vr_0 = (v_0 + \delta v_0)r_0$$

式中 v_θ 为该粒子运动过程中的角向速度。r 对 r_0 的偏离很小,可记为

$$r = r_0 + x$$

x 仍为径向小变化量。联立上述 3 式,有

$$m\ddot{x} = m\ddot{r}$$

$$= m\frac{(v_0 + \delta v_0)^2 r_0^2}{(r_0 + x)^3} - qK(r_0 + x)^{-\beta}$$

$$= m\frac{v_0^2}{r_0}\left(1 + 2\frac{\delta v_0}{v_0}\right)\left(1 - 3\frac{x}{r_0}\right) - m\frac{v_0^2}{r_0}\left(1 - \beta\frac{x}{r_0}\right)$$

即得

$$\ddot{x} = \frac{v_0^2}{r_0}\left[\frac{2\delta v_0}{v_0} - (3-\beta)\frac{x}{r_0}\right]$$

引入 x_0,使得

$$\frac{2\delta v_0}{v_0} - (3-\beta)\frac{x_0}{r_0} = 0$$

即

$$x_0 = \frac{2r_0\delta v_0}{(3-\beta)v_0}$$

对每一个粒子,δv_0,x_0 均为确定量。现在可引入变化的 x',使得

$$x = x_0 + x'$$

则有

$$\ddot{x}' = -(3-\beta)\frac{v_0^2}{r_0^2}x'$$

$$= -(3-\beta)\omega_0^2 x'$$

可见 x' 也做简谐振动,振动角频率也为

$$\Omega = \sqrt{3-\beta}\,\omega_0$$

需要注意的是,各粒子自己的径向振动平衡位置为图 11 中的

$$r_P = r_0 + x_0$$

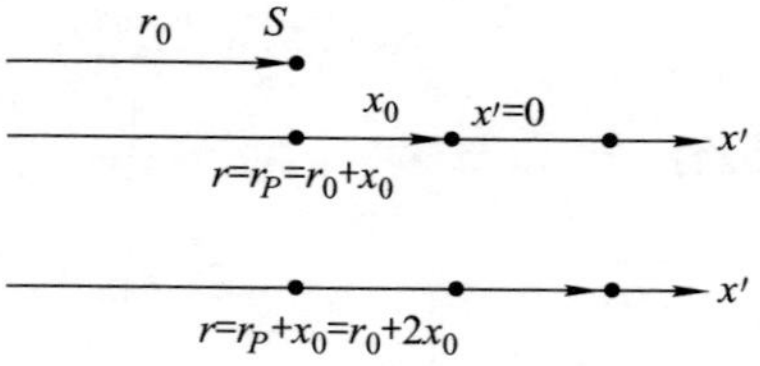

r_0 相同,x_0 各不相同。在原出发点 S 位置时,各粒子 r 均处于最小值 r_0,经四分之一振动周期,各自 r 达到 $r_P = r_0 + x_0$ 值,x_0 即为该粒子径向振动振幅。再经四分之一周期,各自 r 达到 $r_P + x_0 = r_0 + 2x_0$ 值。再经二分之一周期(共经一个周

图 11

期),各自 r 又恢复到 r_0 值,此时粒子才又重新会聚。可见聚焦角 ϕ_2 应为(2)问中聚焦角 ϕ_1 的两倍,即有

$$\phi_2 = 2\phi_1 = 2\pi/\sqrt{3-\beta}$$

从 S 点转过 $\phi_2/2$ 角时,粒子束径向振动达二分之一周期,此时粒子中 x_0 最小者(对应 $\delta v_0 = 0$ 者)的径向距离仍为 r_0, x_0 最大者(对应 $\delta v_0 = \Delta v_0$ 者)的径向距离达到 $r_0 + 2(x_0)_{\max}$,因此粒子束的径向宽度为

$$\Delta r_2 = 2(x_0)_{\max}$$
$$= 2\frac{2r_0 \Delta v_0}{(3-\beta)v_0}$$

即

$$\Delta r_2 = \frac{\Delta r_0 \Delta v_0}{(3-\beta)v_0}$$

若 $\beta = -13$,则 $\phi_2 = \dfrac{\pi}{2}$,粒子束转过 2π 角期间(经四个周期)的轨迹如图 12 所示。

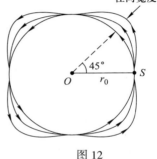

图 12

3. 选拔考试

国际物理奥林匹克竞赛重在参与,重在国际交往。然而摆在原国家教委、中国科协、中国物理学会乃至教员面前最直接的问题是:组派哪些学生去参与。参与交往是事情的一个方面,哪些学生有权利去参与、去交往是事情的另一方面。如何处理好这两个方面的关系,需要确定一个规则。规则是否合理可以讨论,规则一旦确定便须执行。在球类赛事中,规则赋予主教练有临场决定权,即使主教练偶有失误,这个规则也一直合法地执行着。学科竞赛对参与其中的那些学生来说只是求知成长过程中的一段经历,并不是他们的事业。为使学生全面发展,在社会宣传上必须淡化。但是竞赛中"竞"字的含义是竞争,这是无论如何也淡化不去的。竞

争有积极的一面,它是个人上进心的某种表现,不可一概否定。评估能力、选拔人才,多采用各种形式的考试,这正是以公正的方式表示对竞争的肯定。各门学科竞赛的章程中都规定要依据参赛者的考试成绩来排定考生的名次,这无疑是对竞争结果的承认。集训队或试验班中,绝大多数学生都希望自己能成为中国代表队队员去参加 IPhO,这是年轻人极为正常的竞争心态,争取入选也是每一位学生的正当权利。

既然集训队或试验班的学生人数多于待组建的代表队队员人数,就必定会有选拔。选拔要有一个规则,规则无论是成文的还是不成文的,都应该具有透明度。规则的制定是个综合考虑的技术问题,规则具有可公开性则是个常识性问题。顾及各种因素,组建学科代表队的规则各学科不尽相同,可以讨论,并且应当受到理解。迄今为止,任何一门学科代表队的组建过程中都要进行考试,考试成绩仍然是选拔的依据之一。为组建 IPhO 中国代表队,北京大学物理系的教员也组织过相应的选拔考试。选拔规则虽属约定,并不成文,但基本上得到各方面的理解和认可。排除品行和健康因素,规则有三条:(1)按考试总分排队候选;(2)总分相当接近者,适当地优先考虑理论、实验成绩平衡者;(3)总分相当接近者,适当地优先考虑女学生。具体执行中,却从未出现过依据第二或第三条选出1 名队员的事例。

IPhO 中国代表队的选拔考试分为理论和实验两部分。1991～1996 年,选拔工作在国家教委组办的北京大学一附中物理试验班中进行,理论考试部分包括力学(2 次)、热学(1 次)、电学(1 次)、电路(1 次)、光学(1 次)、近代物理(1 次)和综合(1 次)共 8 次考试。其中有些考试都安排在教学中间进行,有些则集中在后期。每一场考试时间少则 3 小时,多则 4 小时,综合考试往往长达 4.5 小时。实验部分仍包括力学-热学(1 次)、电子(1 次)、电路(1 次)和光学(1 次)共 4 次考试,都在后期进行。考题由任课教员负责编制,为了公正,也为了避嫌,教员之间自觉地互不过问考题内容。教员编出试题后自己复印和保存,主持考试工作的教员也从不在考前调阅试题。

为了出好一份选拔考试题,教员需要花费相当多的精力。一份试卷中完全没有陈题是较难做到的,但总希望能编出些具有新意的题目来。物理问题的解决离不开数学,选拔考试对学生的数学能力自然有一定程度的要求,但还是尽可能避开十分烦琐的数学运算。选拔考试主要是考查学生在解决物理问题时表现出的物理思想和所运用的物理方法,以此来评估学生的学科能力。

为了考查学生的关联思想,教员曾经编了下面一道关于等时摆的题目:

半径为 R 的圆环在水平地面上向前做纯滚动,无论匀速前进还是变速前进,环上 P 点的轨迹为相同的曲线,称为滚轮线。试用运动学方法求出滚轮线最低点和最高点的曲率半径。

在一竖直平面上建立水平 x 轴,半径为 R 的圆环在 x 轴下方贴着 x 轴做纯滚动,环上任何一点的运动轨迹自然也是滚轮线,也称为摆线。取一光滑的摆线轨道,在轨道内侧任意一个非最低位置放一个光滑小球,如图 13 所示。小球自静止释放后,将在轨道上往返运动。已经证明,小球往返运动的周期 T 与小球的质量及初始位置无关,即 T 为一仅由摆线参量 R 及重力加速度 g 确定的恒量,请避开积分,求出 T 值。

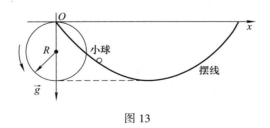

图 13

在学生采用运动学方法求得滚轮线最高点的曲率半径为 $\rho =$

$4R$ 后,希望学生能运用关联思想把等时摆与小角度单摆联系起来。等时摆周期 T 既然与摆球的初始位置无关,可取无限靠近平衡位置(即最低位置)来计算周期。此时摆球在摆线最低位置的曲率圆上摆动,曲率圆的半径即为滚轮线最高点的曲率半径。摆球的这种运动相当于摆长为 $l=4R$、振幅趋于无限小的单摆摆球运动,此时单摆的周期公式 $T=2\pi\sqrt{l/g}$ 也为精确公式,据此,即得 $T=4\pi\sqrt{R/g}$。

有的试题是为了考查学生解决实际问题的能力而编制的,例如:

在气象学中,降雨量是指雨区地面雨水的累加高度。今在离地面足够高处有一片厚度可忽略不计的降雨云层,单位时间的降雨量 Q 为常量。假设雨滴在垂直下落过程中近似保持球体形状,半径均为 R,空气对雨滴的阻力大小与雨滴的速度大小成正比,比例系数为常量 α。

(1) 若在雨区有一飞虫以速率 u 做水平飞行,飞虫也近似看做球体,半径为 r。试在降雨稳定的持续时间内确定飞虫在雨中的平均自由程——飞虫每相邻两次与雨滴碰撞之间飞过的路程之平均值——的上限。

再用 $Q=10\text{cm/h}$, $R=1.00\text{mm}$, $\alpha=3.00\times10^{-3}\text{g/s}$, $u=10.0\text{m/s}$, $r=4.00\text{mm}$ 等数据计算此上限。

(2) 设在某段高度范围内雨滴降落速度可以认为是常量 v,而飞虫在该区域恰以速度 $u=v$ 飞行。如果飞虫朝任何一个空间方向飞行的可能性都相同,试问在不同的飞行方向上,飞虫在雨中的平均自由程是否相同?如果相同,试算出这相同的平均自由程;如果不相同,试计算这些平均自由程的平均值。

有的试题是为了考查学生的估算能力而编制的,例如:

半径为 R 的圆环均匀带电,总电荷为 $Q>0$,试用适当的近似方法估算圆平面内与圆心相距 $r\ll R$ 处的场强 $\vec{E}_r$。

个别试题也有一定的趣味性,例如:

将竞走规定为在任何惯性系中双足不同时离开地面(地面处理为一个惯性系)的竞技运动。试仅在相对论运动学范围内确定竞走者相对地面的速度上限。(此题取材于美国一份杂志上的文章)

在考试前和考试期间,学生事实上都处于相互竞争的状态,竞争表现在每个学生都努力地学习,或者说同学们把竞争处理为努力学习的自然结果。青少年学生比成年人单纯得多,他们终日相处在一起,即使有竞争,相互之间的友情也逐日增长。李翌在 1992 年参加第 23 届 IPhO 后写了一篇《机舱随想录》,文中写道:

身边的石大侠(按:这里的石大侠和后文的陈老英雄、罗老英雄及张老侠,分别指队友石长春和陈涵、罗卫东及张霖涛)梦中调整了一下睡姿,打断了我的思绪。他那胖胖的脸映着红红的阳光,像个大苹果。我念头一动,眼前又浮现出在北京那难忘的一年。每到夜深人静的时候,物理试验班宿舍纸糊的窗口透出淡淡的亮光。一盏盏台灯在案上、床头发出柔和的光,正像现在的朝阳一样,把一张张脸照得红红的。窸窸窣窣的翻书声和轻轻的叹息声,伴着时间的流淌像一首正在演奏着的夜光曲。偶尔,一支钢笔落地,打断了它的乐章……石大侠是我们中间耗用电能最多的一个,甚至月亮西沉,各个床头的亮光相继熄灭后,他仍在自己的灯下啃着钢笔,永不知足地求知着。

虽然竞争激烈,但人情味在你追我赶的群体里却常常"一枝红杏出墙来"。同学们经常互相讨论热学、相对论中的诸多问题。大家各抒己见,彼此纠正错误,交流学习方法。我们互相借阅参考书,互相商讨难题……正是这许许多多的"互相"孕育了我们的进步,也增进了我们的友谊。有一次我对一个同学说,我从他那里得到了许多,他也笑着对我说,我给他的也不少,我也笑了。在笑声中我突然意识到事业和个人感情作为人生的两大组成部分,是应该并重的,同时拥有这两部分的人才是一个真正富有的人。记得我们的一位老师曾对我们说过:"愿你们长大后能成为事业上成功、品质上优秀、感情上真诚的人,这是长者对你们的真正期望。"现在回想起来,确实很有道理。有些人不顾一切爬到山顶,环顾四周却发现自己原来是孤家寡人一个,这才后悔途中抛弃了太多的旅伴。值得庆幸的是,我有这么多的旅伴,这么多的朋友,而且我想我将来还会有更多的旅伴和朋友。望着还在做梦的石大侠、陈老英雄、罗老英雄和正眨巴着蒙眬睡眼的张老侠,我的心里欣然升起一股温意。

7年已经过去,他们都快长大成人了,当初在试验班建立起来的友情是否还在继续?作为师长,总希望学生不仅在未来事业上能够取得成功,而且在感情方面也尽可能丰富、圆满。

对于选拔考试,大多数学生并不是太紧张,学生们经历过多次竞赛考试,似乎已经磨练出来了。那时,北京大学附中孙振彪副校长、试验班班主任金震英老师和北京大学教员非常注意做好学生的思想工作,使他们对参加 IPhO 的选拔有尽可能客观的认识。从个人前途方面考虑,上大学格外重要,现在他们基本上已按自己的志愿被保送进入大学,心态反而比参加全国物理决赛时要平静得多。尽管如此,学生面对考试具有的心理反应在选拔考试中也会出现。刘雨润就是其中之一,刘雨润来自国家教委在北京实验中学组办的另一类物理试验班。他很聪明,不是最用功的,却助人为乐,在他身上处处都表现出东北小男孩特有的大大咧咧的性格。就是这样一个对考试成绩并不计较的孩子,只要一走进考场,肚子就会奇怪地痛起来。他去卫生所检查,肠胃正常,什么器质性的毛病都没有,好在疼痛不算太厉害,对考场发挥影响不大,更何况考过了,疼痛感也就消失了。我问过他是怎么回事,他咧着大嘴,一对酒窝陷得深深的,傻看着我,坦诚地说:"我也不知道。"接着又赶紧安慰我:"没关系的。"笑仍在继续。

考场中,学生即使有提前把题目做完的,也不会提前交卷,这也许是他们在小学时代就已经养成的"乖"习惯。考试时多数学生戴着手表,个别学生则从书包里掏出一个大闹钟放在课桌上,便于随时看时间。中国的古人说得好,智者千虑,必有一失。果不其然,1994年,一名身材高大的小书呆子在考试中不时地看着桌上的大钟,神色显得有些紧张,我悄悄地走到他身后,竟然发现他的钟快了一个小时!我把钟往回拨好后,他高兴极了。从此,带队出国参赛,要求队员们在去考场前务必集体对表。

试验班中有的学生善于进行发散性思维,对一个物理问题不满足常规解法,喜欢去构思新的解法。这是一种好的学习方法,它有利于学生创造性能力的培养,但也要控制有度,防止不必要的精力浪费。对于考试,更要有策略方面的考虑。现在的考试,普遍地首先以总分来决定取舍。平时学习时间充分,讲究独创性,有利于将来事业上的成功;面对试卷,时间有限,目标简单,故应争取多得分。正如生物学家所言,适者生存,不适者淘汰,虽然言重,却是有科学道理的。有的学生对此不够理解,选拔考试中吃了亏。记得一名南方学生在考试时,有一道变质量力学题,用常规方法稍加变通,他知道可以获解。但他没有这么做,出于习惯,他想找新的解法。新的解法似乎找到了,做了几步遇到了困难,边想边做,时间无情地流逝着,回头不能,整场考试受到了严重的影响。1995年进入试验班的於海涛,开始时也存在相同的问题,教员指出后,及时改正,后面的考试成绩显著上升,即被选入第26届IPhO中国代表队,在堪培拉大学的赛事中获得了个人第1名的好成绩。於海涛的创造性思维能力并未因此受到抑制,代表队集训期间,他编制的一些高水平题目便是明证。顺便提一下,IPhO竞赛中,为了鼓励学生在解题时表现出的有价值的独立见解,每一道题专设最佳题解奖,这无疑是一项值得赞赏的措施。IPhO尽管有排名,但不具有选拔的含义,即使如此,最佳题解奖对总分排名不起任何作用。选拔性考试中,如何奖励应试者的独创能力?一般来说,笔试比口试难处理,如果笔试的范围很大,则更难处理。一年一度的高考,便是最明显的例子。

师生面对面的口试确实是一种很好的考试方式,因为直接沟通更有利于教师对学生学科能力水平的了解。前几届选拔考试中都曾安排有口试,口试题目编制的难度较大,题目中除了字面上表达出来的内容之外,还需要隐含可供主考官们进一步发问的深层次内容,以利于对学生作进一步的考查。面对高水平的学生,口试题自然更难编制。后来,口试被搁置了,其原因不在于教员方面,而在于学生方面。历届 IPhO 赛事中,女选手很少,原因是多方面的,也许其中之一是女学生更喜欢学文、学艺术和学医。我国参加国际数学、化学、信息科学(计算机)和生命科学奥林匹克的代表队中,都较早的有过女学生入选,但物理队迟至第 10 次参赛才有女学生入选。在这之前,从全国中学生物理决赛中选出的学生中有过 7 名女学生,其中 1989 年北京大学附中的王珏和 1991 年天津跃华中学的张宁在集训队学习期间表现突出,实验考试和理论考试的成绩优秀,遗憾的是她们都在口试中落选。学生的心理状况和临场发挥都会影响到口试得分,考虑到国际赛事中没有口试,也为了有利于不同性格类型的学生尤其是女学生的入选,从 1992 年开始便停止了口试。1995 年,江苏启东中学的女学生毛蔚成为 IPhO 中国代表队的第 1 位女队员,她也是那一届代表队中年龄最小的队员。在第 26 届 IPhO 赛事中,她以个人第 2 名的优秀成绩,为中国女学生也为世界女学生赢得了第 1 枚物理金牌。1996 年又有吉林省吉林市一中的女学生张蕊入选代表队。有趣的是,她也是以个人第 2 名的好成绩,在挪威奥斯陆为中国女学生和世界女学生赢得第 2 枚物理金牌。1997 年 IPhO 中国代表队的选拔和培训工作由中国科技大学承担后,1998 年又有一名女学生入选代表队,她是天津南开中学的刘媛,在第 29 届 IPhO 赛事中,再次为女学生们赢得一枚金牌。

选拔考试前不安排复习时间,选拔试题由任课教员根据讲授内容独立编制，自己复印。理论试题一般都是大题，若涉及较麻烦的积分，通常都会将有关的公式附录在试卷中。试卷中也常会给出要用到的物理常量，其中有些常量尽管是学生非常熟悉的，教员还是会不厌其烦地列在题文后面，这已成为一种传统。这一传统的形成，据说与爱因斯坦有一定的关系，因为这位大物理学家反对背物理常量，他认为既然书中都有，何必费脑子去背它们呢。每门课程考试后，任课教员将学生成绩交给负责教员，试题与学生答卷仍由自己保存。负责教员承担全体学生考试成绩统计表的编制工作，统计表中首先列出每门考试的原始得分和理论、实验各自的原始总分，然后是理论总分与实验总分各自的折合分。开始几届集训队的考试安排已在前面介绍过。1991年国家教委组建物理试验班后，1992年开始在试验班中进行选拔考试，理论考试相应地增加了光学1次考试和近代物理1次考试，理论考试总分仍折合成300分，实验考试总分也仍折合成200分。统计表中最后3项内容是全体学生理论总分的排名顺次、实验总分的排名顺次以及理论和实验成绩之和的排名顺次。统计表制成后，在有中国物理学会负责人参加的全体教员会议上，负责教员将统计表的完整复印件分发给每一位参加会议者，以便进行细微的核实。在口试被搁置后的多年选拔中，会议进行得相当快，因为实际上都是取理论、实验成绩总和的前5名入选IPhO中国代表队。前1、2名入选者，一般都是理论、实验成绩均佳的学生。1995年10月入学试验班的女学生张蕊，1996年4月便是以理论第2、实验第1和总分第1的排名入选第27届IPhO中国代表队的，在国际竞赛中，她的得分仅次于队友刘雨润。

任何一种选拔性考试都存在着偶然性因素，一次性考试中偶然性因素的影响会更大一些，偶然性因素在标准化考试选择题得分方面的影响最为明显，因此，一些教员在小范围考试中尽量少用或者不用选择题。大范围的考试中仍然会有相当数量的选择题，原因是这种题型的答题时间短，有利于适当增加题量，扩大考查的知识覆盖面，而且评分的客观性强。世上的事情总是有利有弊，十全十美的事情可以构思却难于实践。考试中的偶然性因素是无法完全消除的,学科竞赛中如此,高考中也是如此。记得有一年高考阅卷中,经过规定的复核后,有一份物理答卷得了满分,大家都很兴奋。这时有一位教员出于慎重考虑,提议将这份答卷各题的解答重新复查一遍。另一位教员立即提出异议,他认为如果要再次复查就应该是所有的答卷都要再次复查。众所周知,阅卷教员对自己的工作非常认真细致,而且还有一整套相应的阅卷措施,以将阅卷中的差错率减小到最低的程度。尽管如此,差错率不可能降到绝对的零。非零的差错率对考生来说便是一种偶然性因素,阅卷工作需要确保这种因素对每个考生所起的作用是一样,因此阅卷中复查次数对每一份试卷都应该是相同的,而与卷面得分多少无关。当然,在这之后采取何种规则对各分数段试卷进行抽样复查,或者采取何种措施允许考生间接询问、复查本人试卷,那是另一回事。IPhO 中国代表队的选拔工作中,同样也存在偶然性因素,总分排名第 5、6 之间的学生究竟有多大的差异?分数上的微小差异究竟是因为能力上的差异还是因为各种偶然性因素几率实现上的差异?这都是不可能也没有必要去深究的。教员把这些情况向集训队和试验班的学生讲清楚了,他们也就理解了,因为他们毕竟具备了相当的逻辑思维能力。

代表队的名单一般都在下午确定,晚上向学生宣布。每当这种时候,试验班的学生吃了晚饭,都静静坐在北京大学一附中高中楼第 3 层东侧朝北的一间教室里,听过勉励的话之后,便等着名单的宣布。每宣布一个名字,同学们都用热烈的掌声向入选者表示衷心的祝贺。入选者当然也很高兴,其中有脸红不好意思的,也有感到奇怪的:"怎么会选上我了?"名单逆向宣读,例如张蕊的名字是最后宣读的,事后被有些地方误认为她是最末一名入选者。没有被选上的大多数学生心态都很正常,这与教员们平时所做的思想工作有一定关系。少数学生感到较为失望,这也是自然的。为了学生的健康成长,教员对个别情况十分重视。第 29 届 IPhO 中国代表队队员选出后,教员尽可能将落选的前几名学生一个一个地请到家中,个别谈心,鼓励他们继续努力,争取未来事业上的成功。

一年一度的选拔工作结束了，入选者将搬到北京大学学生宿舍接受下一阶段的培训，其余学生将返回母校，根据自己的具体情况安排新的学习计划。试验班的学生生活已成为他们人生的一段经历，除了学科能力方面有所提高外，多数学生难忘的是曾经生活在一起所建立的真挚友谊，我们可以从第 27 届 IPhO 中国代表队队员徐开闻和张蕊写的部分回忆中感受到这一点。

徐开闻的回忆

我对奥斯陆之行的印象一般，倒是对在物理班的经历印象比较深刻。那是我第一次离家住读，自我感觉长大了不少。刚到那天就见到了不少从前的朋友，有一起比过赛的南京老乡，有以前考试认识的理科班同学……因此消除了不少陌生感。到了晚上，同屋的同学陆续到齐了，一会儿工夫就谈开、混熟了。经过一两天开课前的准备，对北京大学附中的生活环境也比较熟悉了，到正式开始上课时，各方面都已经比较适应了。按照课程安排，在第一个学期差不多要讲完力学、热学和电磁学，大约相当大学一年级物理课的内容。另外还有力学、热学实验课。现在想来课程不轻，不过当时大家劲头都很足，也不觉得怎么样。课下自习做题，讨论各种疑难问题。一个宿舍的同学晚上上床后常常开"卧谈会"，谈的内容有不少是关于物理学一些基本问题的"胡扯"。说实在的，就我们当时所学，自然不可能得出什么有重大意义的结论，但大家都很兴奋地各抒己见，颇有"指点江山"的意味。这种讨论也对我们的学习起过直接的促进作用。如学习相对论时，一个人想到了什么疑问，大家都参与讨论，常常是试图说服别人，结果往往又被别人所说服，这激发了我们对一些概念的深入思考，从而加深了理解。

因为大家都是离家在外，在生活上也是彼此照应，互相帮助。除了一些帮打饭、打水的小事外，还有一件我亲身经历而且难以忘怀的事情。在第二学期临近最后考试阶段，有一天我去北京大学澡堂洗澡时，穿得单薄了些，着凉了。开始只觉得有点头昏，就自己上床休息了。以往我们宿舍一到周末很热闹，像俱乐部似的，但那天同学们见我休息了，就到别的屋聚会去了。到了夜里10点左右，我烧得厉害起来，同屋的黄立波进屋开灯一看，发现我满脸通红，吓了一跳。不一会儿，有的同学拿来体温计，有的找来退烧药……量了体温，发烧高达39.5℃，当时大家不愿打搅管理宿舍的老师，便架着我去了学校对面的海淀医院。我有点烧糊涂了，只记得先是量了体温，然后验了血，最后被送到急诊室打点滴。彭达替我垫上了数百元的医药费，之后就是几个同学轮流守夜。有印象的是黄立波、李祖松、倪征、刘慧明、倪凯旋，还有两个女同学庄莉和张蕊。有的同学几乎是一夜没合眼，用酒精棉球擦我的脸，帮我退烧。一直折腾到早上，输了3瓶液，烧总算退下去了。看到同学们疲倦的脸上开心的笑容，我很感动。这时候说什么都是多余的，我只想以后当别人需要我的帮助时，我一定会毫不犹豫地全力相助。到周一上课时，我基本上痊愈了，那次发烧一点儿也没有影响我的学习和考试。当同学之间再说起那次经历，没有人提起是谁守了夜，只是调侃地说起那晚我烧糊涂时说的胡话，然后大家一乐就过去了。而我心里总是感到暖暖的，那次经历使我对物理班有了特殊的感情，我觉得同学之间这种真挚无私的友爱更是物理班每个同学的重要收获。经历过这一件事，我在后来的考试以及最后宣布国家队成员名单时，心情一直比较平静，当然也伴有那么一点点忐忑，因为入选国家队毕竟是每个人的愿望。我当时的心境是，自信自己能被入选，但如果我落选了，我一定不会过分沮丧，因为我在物理班已经有了足够多的收获。

我在物理班的这段经历，曾经并将永远对我的情感起着举足轻重的作用。

张蕊的回忆

回想起参加竞赛的全过程,我总是觉得在北京大学附中试验班的那段时光是最难忘、最珍贵的。在那半年多的时间里,我吃了很多在别处吃不到的苦,也学到了许多在别处学不到的东西。我想,即使我没有被选入国家队,我在那段时间里所做的努力也是值得的。

在试验班,我学会了坚强。一个刚进入高三的女学生,来到这陌生的北京大学附中,第一次真正离开家,想家是难免的。我在全国竞赛的成绩不是非常好,试验班里又有那么多聪明的同学,我第一次尝到了排在别人后面的感觉。在开始的一个月里,我有些不知所措,甚至有些消沉。来自家乡父母、老师、同学的鼓励和北京大学任课老师的关怀,渐渐唤醒了我性格中好强的一面。我永远忘不了与在清华大学读书的一位师姐的谈话,她比我高一届,刚从想家和失意中恢复过来。她以自己为例鼓励我,要我坚强:"如果环境不合你意,你就要想办法适应它,因为谁也不能指望环境来适应自己。""不要顾虑自己是否落在别人后面,每个人都要做自己应该做的事情,只要努力了,就会有收获。"我懂得了:想家,但不能消沉;落后,更需要勤奋。我努力地这么做了,适应了新的学习环境,同时学会了坚强。在我刚来到美国斯坦福大学的时候,也曾有过一段很困难的时间,但我很快就适应了,这完全得益于我在试验班初期的经历。

在试验班的学习使我更深地爱上了物理……深刻的物理思想和巧妙的解题方法使我惊讶,使我着迷。我喜欢听一位老师的课,他的思维广阔又灵活,我仍然记得那道由一、二、三维空间扩展到多维空间,借助递推关系,绕过积分,计算多维球"体积"和"表面积"的题目,还有把球壳"压"成圆环、把圆环"展"成球壳的题目……有趣又开拓思维。物理规律在解释大自然微观、宏观、宇观世界结构与演化方面所获得的成功，更令我惊叹不已。马赫原理、克劳修斯熵增原理、麦克斯韦电磁场方程、相对论、时空的弯曲……我一边惊叹前人如何发现这些简洁而又深刻的规律，一边如饥似渴地学习着。当时的学习是超紧张的，每天 7 点起床，晚 11 点上床，中间的时间除了吃饭和一些体育活动，全部"泡"在物理里面。这样的生活听起来很乏味，可我过得很开心。有时在骑车往返于北京大学附中和北京大学的时候，突然对某个问题有了新的见解，我会情不自禁地笑出声来。

在试验班的这段时间，是我学习物理知识的速度（即知识量/时间）最快的时期，我不仅了解了一些基本的物理思想，而且对人类理性思维的美有了深刻的感受。

考试后我被选入国家队，代表中国的女学生参加 IPhO，我觉得自己很幸运。在奥斯陆领奖的那一时刻也确实很荣耀，但追求的过程对我来说更美、更有意义。经历过的那些消沉、那些思考、那些欢乐，都将是我最宝贵的财富。

4. 赛前培训

代表队 5 名队员选出后，紧接着便是五一节。长时间的朝夕相处，同学们不只是建立起了友谊，而且相互间有了真挚的感情。现在要道别了，自然有一番留恋。班主任金老师完全理解学生的心情，帮助大家组织一次春游，或去八达岭长城登高远眺，或去颐和园昆明湖划船嬉水。通常，代表队的负责教员总会让 5 名队员同去参加这最后一次的班级活动。虽然大部分学生还将返回北京来，到北京大学或清华大学读书，只有少部分学生去南方上大学，大家还是采取各种排列组合照许多相片。这时候教员有许多事要做，不能和同学一起去春游，现在想起来甚感遗憾。1992 年试验班学生雷鸣是位领导有方的班长，后来每年都要组织在京的试验班同学聚会一次，每次我都参加，先在北京大学静园草坪上合影，再去农园小饭店合坐两桌,共进一席 AA 制的晚餐。环顾四周,试验班学生走的多,留下的少。写这本书的时候,雷鸣还在北京大学计算机系读硕士学位,2000 年样书寄到我手中时,雷鸣还能在北京大学校园待多长时间?

代表队的学生工作和其他有关事宜,均由北京大学物理系近代物理实验室的刘庄武、林万桔两位老师负责。约定的一天上午,他们俩坐着物理系的面包车去北京大学附中将 5 名队员接到北京大学来住,其他同学会帮着将行李一起送过来。男队员住在学生宿舍,女队员特殊照顾,和研究生住在一起。第二天,代表队的赛前培训便正式开始。

物理代表队全部经费来自国家自然科学基金会,经中国科协青少年部转交到中国物理学会,再下拨给代表队。队员住宿费和伙食补贴等均从此项经费中支付,其中最大一笔开支自然是教员讲课报酬。

1992~1996 年,培训的课程包括理论、实验和英语 3 门。理论课主要是为队员熟悉历届 IPhO 赛题而设置的。世界各地教学既有共性也有个性,教员所编题目也是如此。例如 1980 年由李政道博士发起的中国—美国联合招考物理研究生项目(China—U. S. Physics Examination and Application Program,缩写为 CUSPEA),开始时我国应考大学生对由美国教授编制的物理考题非常不适应,后来经过一些大学教员的指导,学生们又通过各种途径,尤其是参考了已公布的CUSPEA 试题及解答,熟悉了具有美国特色的物理题目,考试成绩很快上升。这是公认的事实,也是无可非议的事实。理论课也需要补充一些历届 IPhO 赛题所涉及的物理知识。例如由多个弹簧振子耦合在一起组成的系统,需要用简正模理论进行讨论,一些国家的中学教学有这方面的内容,而我国直到大学理论力学课程才会涉及。集训队与试验班的教学中,考虑到简正模理论的数学性较强,课上不讲。IPhO 中有这方面的题目,如果不给队员补充知识,能力再强的学生也很难作出解答。教员无意让自己的队员在国际赛事中面对可能包含这些知识的命题时相比之下处于不平等的地位,所以要给他们补充这方面的知识。实验课教学的目的基本上与理论课相同,在具体安排上格外重视设计性实验训练。朱世嘉等老师在这方面作出了巨大的努力,使中国代表队在第22届IPhO中首次获得了团体实验总分第1。培训期间队员们还需要接受英语强化训练,以适应参加IPhO期间与世界各地学生友好交往的需要。

理论课一般在下午2:00开始,常常要到5:30方能结束。中间只休息一次,学生"放风",教员趁机抽一支烟。北京的春天很短,厚实的毛衣毛裤脱下不久,男孩子们很快就只穿一件短袖衬衣了,女孩子会更早地换上裙装。过了五一节,北京大学的学生不喜欢下午第1、2节有课,因为中午觉没有睡够,迟到、旷课的比例明显上升。代表队队员却从不迟到,更不会旷课,看来学习还是必须有动力。搬到北京大学后,会骑车的队员都会买一辆自行车,学生的车与教员的车一样,越旧越好,丢了不心疼,这也是大学一"景"。不会骑车的学生,可以搭队友的车去上课。如果上午实验课下课得很晚,为了不耽误理论课,队员们就在中关村附近买一些糕点和饮料,坐在物理大楼教室里吃,算是午餐。有一次,我刚踏进教室,任宇翔就送给我一排6小瓶娃哈哈AD钙奶,原来他们觉得这种饮料酸甜酸甜的挺好喝,便非要我尝尝不可,还一本正经地向我保证,这东西很有营养,面对孩子的盛情,我不忍说些什么,而是高兴地当着5名队员的面,一瓶一瓶都喝了。

学生人数少,课上得较为轻松,有时教员讲,有时学生上台来讲,先把需要的知识补充完整。除了讲,更多的是一起讨论、漫谈,话题不限于物理,五花八门,海阔天空,什么都可能涉及。记得一位同学曾说,他从美国杂志上看到过一篇文章,作者介绍了如何采用数论的方法来设置密码,局外人即使知道规则也几乎无法破译这种密码。另一位同学站起来泼冷水,说这已过时,现在可以用计算机不太费事就能解读。我表示赞同,然后补充告诉他们,图论中著名的四色问题已经被一位数学家借助计算机获得证明了。我还没有讲完,学生就把那位数学家的名字说出来了。看来,在知识更新方面,教员跟不上这些年轻人了。物理代表队中多数学生同时喜欢数学,常常会在聊过宇宙大爆炸之后讨论起数学题来,教员一般不阻止,而且还喜欢参与,当然脑子远不如他们快。数学之外,队员们也喜欢谈论哲学、逻辑、生物、心理、人工智能等，扯远了，甚至会探讨起人究竟有没有灵魂的问题，这时我会赶紧出来制止："如果有灵魂，等我们临终时再恍然大悟吧！"

最初几届代表队培训前，教员们已将以往的 IPhO 赛题复印出来。后来，历届赛题翻译出版，刘庄武老师和林万桔老师会为每名队员准备这样一本书。前几届赛题都比较容易，后面的赛题则有相当难度。理论课上对有代表性的赛题，先让学生默读两遍，第 1 遍粗读，第 2 遍精读，接着理解一下题目的内容。然后，找一位学生用自己的语言把这道题叙述出来，让队友们检查他（她）的叙述有没有误解和遗漏之处。这样做是必要的。第 1 届 IPhO 的 3 道理论题中的第 1 题题文最长，但翻译成中文也只有 100 个字左右；第 2 题连同标点符号一起只有 34 个字符。第 11 届 IPhO 在苏联举行，题文明显增长，后来题目字数超过 1000 的均属正常。5 个小时做 3 道题，按说有足够的时间审题，可是中学生仍有儿童心态，常常会像看小说一样看题文，文字少的题目，关系不大，文字长的题目，容易出差错。记得我们的一名学生在参赛解题时，做着做着，总觉得题目缺条件，无法做下去。紧张了一阵，回头再看题目，原来题文中已经给出这个条件，是自己疏漏了。

读完题目，学生思考 10 分钟，让他们给出自己的解题方案，共同进行讨论、比较。对于有一定难度的国际赛题，解题方案是第一重要的，其中的道理很清楚，课上正是要让学生养成这种先构思后动笔的习惯。同学们给出的方案多数与命题者给出的解答大同小异，这是自然的。少数差别很大，通过一起分析，错误的或者烦琐的得到纠正，巧妙与精简的受到赞扬。有一次讨论第 8 届 IPhO 理论试题中的第 3 题，该题要求学生设计一个磁场区域，使得从某处 P 射出的带电粒子在洛伦兹力作用下会聚到另一指定点 Q。有些学生给出的解题方案是先将 P 处射出的带电粒子通过磁场作用形成平行粒子束，再经过磁场作用会聚到 Q 点。这一方案对粒子的发射角没有任何限制，原解答却只适用于一定范围内的发射角，不如学生给出的方案好。

由于某些具体原因，极个别的国际赛题不够严谨，第 19 届 IPhO

理论试题中的第2题便是一例。该题题文如下：

麦克斯韦轮

引言

一个均匀圆柱形盘（质量 $M=0.40\text{kg}$，半径 $R=0.060\text{m}$，厚度 $d=0.010\text{m}$）用两根等长的细线悬挂，细线系在穿过圆盘中心、半径为 r 的轴上（细线的粗细和质量以及轴的质量皆可忽略不计，见图14）。现将细线绕在轴上，使圆盘的质心提高一个距离 $H=1.0\text{m}$，然后由静止释放，缠绕的细线舒展开来（图15），待质心到达最低点后，圆盘重新升高。作简化假设：瞬时转动中心点 A 总是铅直地处在悬点 P 的下方。试据此解答如下5个问题：

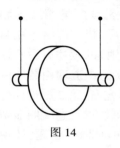

图 14

[问题 2·1]

求质心 C 下降一个距离 s 后，圆盘角速度 ω 之值。

[问题 2·2]

下降距离 $s=0.50\text{m}$ 时圆盘的平动动能 E_i 为多少？分别求出在这一瞬时，此平动动能与本题中出现的各种其他能量数值之比。设轴的半径 $r=0.0030\text{m}$。

[问题 2·3]

求圆盘下降过程中每根细线的张力 T_1。

[问题 2·4]

计算图16所示圆盘中心回绕 A 点的阶段中圆盘角速度 ω' 随转角 ϕ 变化的函数关系。作图表示圆盘质心的位置和速度的直角坐标分量（选用合适的直角坐标系）随转角 ϕ 变化的函数关系（至少定性地图示）。

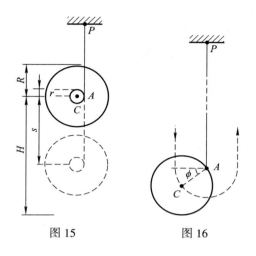

图 15　　　　图 16

[问题 2·5]

设所用细线能承受的最大张力为 $T_{max} = 10$N，要使在圆盘中心的回绕阶段中细线保持不断，细线展开的最大长度 s_{max} 为多少？

这道题的不严谨性可以从领队在我国杂志上刊登赛题译文时所写的注解中看出：当圆盘直线下降时，A 点总是铅直地处在 P 点下方，但当圆盘中心绕 A 点转动时，A 点就不可能没有水平方向的运动。所以这个假设对于问题 2·4 和问题 2·5 是不合理的，因而后面问题 2·4 和问题 2·5 的解答也不尽正确。这一点在讨论考题的国际委员会会议上有过争论，但由于不加此假设的严格解太难了，不适合作为考题，大家才勉强通过。

赛场上自然不允许领队在为自己队员提供的题目译文中加入这一注解，题文中给出的是这样一句话："作简化假设：瞬时转动中心点 A 总是铅直地处在悬点 P 的下方。"能力强的学生遇到这种情况，必定会感到疑惑，因为这一假设明显地违反质心运动定理，结果使他们在考场中与不勤于思考的选手相比反而会处于不利地位。为了避免我们的好学生吃这种偶然的亏，培训的理论课上让队员们对此有所了解还是有必要的。

培训的理论课上讨论历届IPhO赛题的最主要目的是为了让队员们能适应国际赛题,这些赛题中有相当部分来源于生活和科学研究,队员们从中也可以体会到理论与实践相结合的重要性。

第13届IPhO东道主所编的一道理论试题来源于生活,编得极为巧妙:

形状适宜的金属丝衣架能在如图17所示平面里的几个平衡位置附近做小振幅振动。在位置(a)和(b)里,长边是水平的,其他两边等长。三种情况下的振动周期都相等,试问衣架的质心位于何处?摆动周期是多少?除尺寸外,图形没有给出别的信息,就是说,有关质量分布的细节完全是未知的。

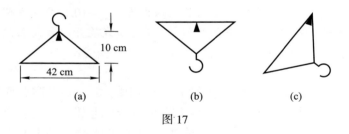

图 17

这道题的已知量仅仅是图中给出的两个线度,它们都是可以在实际生活中简单地量得的。衣架的质量分布不易测出,本题要求学生设法绕过质量的具体分布求出小振动周期。题目虽然不难,却非常有趣。

第24届IPhO东道主所编的一道理论试题取自近代科学实验,它是利用一根带电导线周围的静电场将高能平行电子束分成两半并且形成对称的偏转,进而通过交叠区域发生的干涉现象来验证电子束的波动性。这道题的现代气息很浓,队员们普遍产生新鲜感。求解的关键在于如何计算电子束的对称偏转角,命题者要求考生做近似计算,他们给出的估算方法也极为巧妙。在物理学中,估算是一种很重要的研究手段,它恰好又是我们学生的一个弱项,这与我们的教学传统有很大关系。尽管这道题的题文已明确告知学生采用估算的方法给出偏转角,我们个别参赛队员还是习惯于寻找严格的数学解,积分积不过来,损失惨重!后几届队员"以史为鉴",不只是要多得几分,更重要的是从中体会物理研究中方法的重要性。

除了熟悉历届 IPhO 赛题,队员们也要做一些教员特意编制的新题。有些题目专考学生的解题思路,这样的题目给出后,仍然要求他们考虑一定的时间后再回答。记得第 21 届 IPhO 中国代表队队员陈伯友,常在规定的时间前向我暗示他已经想出来了,我笑着指了指手腕上的表,暗示时间未到,继续思考。有一次在重新思考之后,他发现原来的解题方案是错误的,从此便不再急于回答了。陈伯友是继第 20 届 IPhO 中国队队员邱东昱之后,第 2 位来自长沙一中的学生。陈伯友的湖南口音很重,处事坦诚。在荷兰格罗宁根参赛时,他觉得理论试题中的第 1 题"晶体的 X 射线衍射"不好解答,便老老实实地只字不答。这道题的原解答是在作出若干不合理的简化假设之后写出的,阅卷时遇到了麻烦,只得降低评分标准,凡是出现有关的公式便多少给些分。陈伯友在这道题上却 1 分也未得到,就差这么 1 分他未能获得银牌,但教员赞赏他实事求是的科学态度。

为扩充学生的知识面,培训期间教员鼓励学生浏览各种期刊。第 26 届 IPhO 代表队队员於海涛在北京大学物理系图书馆翻阅期刊时看到一篇文章,讨论的是串联介质电容器中漏电电阻对电压分配的影响。原始问题可在赵凯华、陈熙谋所著的《电磁学》一书中找到:

> 我们知道,两个理想电容器 C_1,C_2 串联起来接在电源上,电压分配 $U_1:U_2=C_2:C_1$。但实际电容器都有一定的漏阻,漏阻相当于并联在理想电容器 C_1,C_2 上的电阻 R_1,R_2(见图 18),漏阻趋于无穷时,电容器趋于理想电容器。

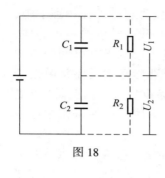

图 18

将两个实际电容器接在电源上,根据稳恒条件,电压分配应为 $U_1:U_2=R_1:R_2$。设 $C_1:C_2=R_1:R_2=1:2$,并设想 R_1 和 R_2 按此比例趋于无穷。问这时电压分配 $U_1:U_2=?$

一种说法认为,这时两个电容器都是理想的,故 $U_1:U_2=C_2:C_1=2:1$;另一种说法认为,电压的分配只与 R_1 和 R_2 的比值有关,而这比值不变,故当 $R_1\to\infty$,$R_2\to\infty$ 时,电压分配仍为 $U_1:U_2=R_1:R_2=1:2$。哪种说法对?

看了期刊上的文章,於海涛觉得作者的讨论有疏漏之处。於海涛理解到作者根据暂态过程的分析,获得了有限漏阻实际电容器终态(稳态)的串联电压分配,此结果仅取决于漏阻比值而与电容比值无关。但是於海涛认为,趋于终态的时间(即暂态过程的时间)长短与漏阻大小有关,对于漏阻趋于无穷的理想电容器来说,尽管终态电压分配应由漏阻比值确定,这一终态在时间上却是不可接近的,因此在接通电源后的有限时间内,串联电压的暂态过程解便变得格外重要。从物理上来考虑,於海涛认定漏阻无限的电容器可以类比为理想的真空电容器,串联电压必定由电容比值来确定,而该文给出的暂态过程解得不到这一结果。最终,於海涛发现该文作者在讨论暂态过程时所设的初始条件有误,初始时刻电容器极板自然不会有电量,该文作者按常规方式假设电源和导线均无电阻,于是针对图 18,在由电源、导线和两个电容器构成的大回路中,外电路电压为零,这与电源电压 $U\neq 0$ 矛盾。中学物理关于电容器储能公式的教学中,也常常会发生类似的问题,电动势为 U 的直流电源通过电阻器 R 给电容器 C 充电,电源提供的能量有一半消耗在电阻上,另一半转化为电容器内的电场能量,于是便得电容器储能公式为 $W=\frac{1}{2}CU^2$。中学生常会提出这样的问题:如果 R 趋于零,电阻上不消耗能量,怎么办？有两种解决方案：一是可以考虑真实的直流电源和导线都是有电阻的,它们可以起着 R 的作用；二是如果电源和导线的电阻均趋于零,那么电路一旦接通便会立刻将导线烧断,无法为电容器充电。於海涛找出这一疏漏之后,便重新求解,并在课上与同学们一起讨论。於海涛的解是在引入电源内阻 r 后展开的,所得的暂态过程解在物理上可以分为两个阶段：

第一阶段中, r 起主导作用,因 r 很小,这一阶段暂态过程进行得很快,在较短时间内电容器串联电压比即达
$$U_1 : U_2 = C_2 : C_1 = 2 : 1$$
第二阶段中,漏电电阻 R_1, R_2 起主导作用, R_1, R_2 越大,这一阶段的暂态过程进行得越慢,达到终态时电容电压比为
$$U_1 : U_2 = R_1 : R_2 = 1 : 2$$
但对于 R_1, R_2 趋于无穷的极限情况,时间常数也趋于无穷,暂态过程实际上不可能进行,因此上述终态电压比是不会出现的,可观察的电压比仍为 2：1。

理论课的最后内容是 5 小时的模拟考试,通常考 1~2 次。模拟试题即为前一届或前两届的 IPhO 赛题,培训开始时已嘱咐队员不要事先查阅。考试时间是下午 2：00~7：00,这段时间教室不好借,后来干脆把考场设在北京大学物理大楼底层的一间近代物理实验室内,虽然有些挤,却也安静。这时已到 6 月下旬,天气炎热,实验室内没有风扇,便将安装在窗户上的通风机开动起来。实验室里有洗手池,队员们却一个个聚精会神地趴在桌上做题,想不到可以去洗一把凉水脸凉快凉快。除了供应矿泉水外,刘庄武老师和林万桔老师会在 5 点左右来考场送食品,每人一份热乎乎的麦当劳快餐。见队员们没有什么反应,教员不得不把放在他们身边的快餐盒逐个打开,强迫学生吃下。到点收卷后,队员们迫不及待地互相对答案,极其认真,毕竟还是小孩！教员坐了一下午,接着该回家阅卷去了,同学们也熙熙攘攘地上某个老地方吃夜宵去了。

培训期间的实验课教学任务很重,因为与西方发达国家相比,我国学生在 IPhO 竞赛中表现出的实验能力明显有差距。形成这种

差距的原因是多方面的，从学生方面来分析，首先是他们对物理学中实验与理论之间的严谨关系认识不足，认为所学的规律已用文字印在教材上便毋庸置疑，实验只是观察一下现象，测几个数据来加深对规律的了解而已，于是，自然地形成了不严谨的实验素养。实验中，根据理论规律，借助计算器来方便地凑出实际曲线所"需要"的数据点的"聪明者"绝非极少数。尽管学生终究是孩子，但批评与指正仍是必须的。入选代表队的学生中虽然尚未发现有这种情况，但因不完全明确实验与理论的关系而形成的习惯性通病，在赛场上仍然时有表现。最明显之处是在实验考试中，因为将要绘制的实验曲线所测的实验点不够数，就呈报为规律性的曲线，其实验证据不足。经国家队实验教员反复提醒和强调，情况有所好转，但仍不是很理想。在一次参赛中，一名队员确实测足了数据点，而且都记录在草稿纸上了，可就是没有抄在实验报告上，也未在图纸上标够这些点再画曲线。考试后草稿纸与正式报告一起交上，东道主评分教员看了感到很不理解，最后根据评分标准还是扣掉了相应的分数。事后在按竞赛章程规定与领队们讨论各队队员所得分数时，他们主动拿出这名学生的草稿纸，善意地对他的这种"可爱的疏漏"表示惋惜。后来在代表队实验培训课上，教员格外重视队员对实验与理论之间关系的正确理解，因为只有这样才能从根本上防止出现类似的"疏漏"现象。

其次，我们的学生中，还普遍地存在着重理论轻实验的倾向，其结果是基本实验不熟练，基本操作不规范。不规范操作的习惯一旦养成，不仅不易改正，而且使培训的教员防不胜防。教员根据经验，方方面面想替学生都想到，并嘱咐好了，可是临场有个别学生还是会冒出个让教员意想不到的失误来。例如众所周知的卡尺读数，都是从小读到大，即从左读到右，可是在一次国际竞赛中，有一名队员却从大读到小，即从右读到左，结果将 7.4 读成 8.4。这名队员的物理总体素质确实优秀，理论考试后的自我感觉良好，实验中也感到时间很充裕，两次重复测试，可就是未能将 8.4 这一错误读数纠正过来，而后的数据处理又产生了连锁反应，终于丢失了得金牌的机会。后来，教员常以此为鉴，告诫学生要有意识地自我检查和纠正不规范的基本操作。

再次，我国学生实验报告的不规范尤其让教员担忧，因为这既表现出学生在数理逻辑方面的欠缺，又表现出在写作表述方面的不足。前者是进一步学好自然科学的障碍，后者甚至会影响将来正常的文字交往。近来理科大学生的毕业论文乃至研究生的硕士学位论文，表述之差使得导师若不耐着性子便无法读下去的并非罕见。中国队学生经过短期的训练后，在这方面有所改进，但与一些发达国家的学生相比仍有明显的差距。国际上最令人欣赏的是德国队的学生，他们的实验报告分段清楚，文字整齐，表格方正，图线光滑干净。由于平时教员从严要求，学生已经习惯成自然，参赛中规范的实验报告写起来并不花费他们更多的时间。

还有，中国队的学生一般来说不太怕做理论题，但有点惧怕做实验题。因为竞赛的实验题一律都是设计性的题目，即首先是思维的，然后才是操作的。我们的学生长期习惯于按教员布置好的或者书本上安排好的内容去完成某一个具体实验，不知不觉形成了似乎实验就是动手操作与测量，只有解理论题才是真正用脑思维的错误观念，因此不善于在实验中思考一些问题，很少主动去想一下，有没有比使用现成的装置或器具更简单的方法去测量或定性确认某种性质的物理量。例如在一次国际竞赛中，有的学生能很巧妙地想到用一张纸和一个计时表来确定铅直下落的受阻尼物体是否已达到匀速状态，因为一旦达到匀速状态，纸在不同高度位置，物体通过它的某个线度（长度或宽度）所经历的时间相同。但有些队员却想不到这一点，这就是实验中思维性的差异。在设计性实验方面，我们的弱点还表现在：若是为实验考题所提供的装置较简单，队员们得分情况反而不够理想，因为装置越简单，设计中思维性因素起的作用越大。

针对中国队学生的上述弱点，朱世嘉等老师在培训前做了大量准备工作，课上严格要求，一丝不苟。如果学生的实验做得不完全符合要求，即使到了下课吃午饭的时间，教员还会陪着学生一起继续做，直到双方都满意为止。为了训练学生设计性实验方面的能力，每次带队出国参赛结束时，朱世嘉老师总是设法向东道主组委会要一套实验试题用的仪器装置,以备下次培训时充实设计性实验课程的内容。培训的时间虽然不长,效果却是显著的,中国队的实验能力提高很快,在第 22、23、25、26、27 届 IPhO 中,中国队均获实验团体总分第 1。

培训期间,教员非常注意队员们的健康状况,这倒不是因为物理代表队没有候补队员,而是担心他们过于用功累坏了身体。说来有趣,女队员毛蔚和张蕊尽管也非常勤奋,但身体不怎么见消瘦,男队员们的体重则普遍下降。其中的原因除了女孩子韧性较强之外,还在于她们比男队员聊天少,按时睡觉,休息得较好。代表队中若有北京的学生,全队都能得到些实惠。第 25 届 IPhO 队员饶京翔来自北京四中,他的母亲常送吃的来,宿舍墙角西瓜不断。饶京翔这孩子动脑、动手能力都很强,就是嘴上的功夫差一些,不擅辞令、不贪食,他的队友们因此口福不浅。

周末休息时,队员常到教员家看电视。第 23 届 IPhO 代表队队员格外喜欢看惊险片,一次张霖涛不知从哪儿找来好多录像带,跑到教员家一起看。其中有一部片子叫《终极者》,连教员也看得极为入迷。这部科幻片讲述未来世界的机器人发动了一场要独霸世界的战争,真的人类在一位英雄的领导下奋起反击。机器人方面便特派一名机器武士回到现实世界来追杀英雄的母亲,英雄则委托他的好友返回现实世界来保护生母。依据正义必定战胜邪恶的通则,好友击毁了武士。在这过程中,英雄的好友与英雄的母亲产生了感情,后者有了身孕,将要诞生的儿子正是这未来世界的英雄。影片演到这里,坐在我身边的孩子们都明白,无论是编剧还是导演,都无法再让英雄的好友回到未来世界,以免让英雄感到难堪。结果确实如此,编导只得忍痛让英雄的好友委屈地牺牲了。片子结束后,同学们的议论很简单:"现实世界的烈士,怎么可能与未来世界的英雄结识成为好朋友呢?"由于时间是一维单向的,所有关于历史倒演的故事都存在这种因果关系的矛盾。编导已经声明这是科幻影片,学生自然不会在意。确实,这些孩子不仅仅是学物理的,而且是懂物理的,我们不必担心他们长大成人后,还会不会去轻信那些关于未来的种种脱离科学依据的"预言"。

培训结束后，放几天假，借此机会，队员们常去北京大学大礼堂看电影，有时把教员也拉了去。每当走近大礼堂，教员总要"讲那过去的事情"。1990年集训队中有一位来自郑州一中的学生彭先兆，在电学课课间休息时与几名同学一起到这里来预购电影票，附近正在伐树，其中一棵砸在彭先兆的背上，脊柱受伤不轻，送进医院治疗，耽误了学习，无法参加代表队的选拔考试倒是小事，他未来的健康必定会受到影响却是无可挽回的大事。说完不幸的往事，教员及时补充一句："出国参赛，尤其需要注意安全。"

放假时，教员召集上一届在京的队员与本届队员举行一次座谈会。新队员会提出各种各样的问题，除了考场上的种种事情外，最关心的还是西餐能不能吃得惯。老队员一一回答："吃西餐要有毅力。"这是他们的经验。个别素来沉默寡言的老队员在喝足了新队员准备的可乐之后，用长者的口气给出一句忠告："要听老师的话。"教员坐在一边，很轻松地笑了。

临行前，刘庄武老师和林万桔老师带着学生去购置出国物品，每人一套西服，系上领带，穿着新皮鞋，一个个像小大人似的，颇为可爱。领带不太好打，我自己每次出发前都要重新学一下。有的队员学得很快，第20届IPhO代表队队员毛甬似乎是其中之一，只是当时我并没有注意。1999年3月初的一天晚上，从《新闻联播》中听到一条消息，说是在英国剑桥大学卡文迪什实验室工作的一位中国博士，用数学方法找到10种打领带的方法，这位博士的名字正是毛甬。3月8日，《北京晚报》刊出一篇题为"打领带中的数学奥秘"，全文如下：

> 打领带对很多男性来说，实在是生活中平常得不能再平常的事情。但为什么领带流行百余年来，只形成有限的几种打法？可能就很少有人在打领带时深究。而旅英中国学者毛甬及其同事芬克却不仅对此产生了兴趣，而且还利用数学模型分析，揭开了其中的奥秘。
>
> 在英国剑桥大学卡文迪什实验室工作的毛甬博士，目前主要从事聚合物和胶体方面的研究。他和同事芬克开

始只是对为什么领带打法如此少感到好奇，并把找出其中答案作为自己正式科研工作之外的一种"趣味活动"，研究断断续续进行了一年多。他们有关领带打法的最终研究结果，发表在3月4日出版的英国《自然》杂志上。

毛甫和芬克发现，他们自己科研中涉及的一种"随机游动法"数学模型，可用来作为研究打领带问题的工具。毛甫进一步解释说，开始打领带的第一步，往往是拿稍长、较宽的一端搭上窄的一端，从二维角度看，这时两段领带交叉将二维平面分成了左、中、右三部分。随后的各个打领带步骤，可看成是领带宽的一端在这各个平面部分之间反复穿越。而这一系列步骤，则可用在二维的三角晶格中做"随机游动"来描述。

毛甫介绍说，他们采用"随机游动"模型数学公式分析后发现，普通质地的领带，其打法最多可达85种，但其中很多打法根本不实用。为此，他们又从领带结的大小等美学角度，为数学公式设置了一些参数约束条件，结果最终获得了10种实用性打法。10种打法中不仅包括目前常用的4种，而且还"预言"了其他6种新款。毛甫称，他们自己对这6种新打法进行了尝试，结果发现"效果还不错"。

我们的队员就是这么可爱，长大了，生活中仍然童趣不减。带着这样的学生出国参赛，教员心中充满了乐趣。

物理竞赛在世界各地

1. 世界各地赛事

当前,物理竞赛已在世界各地普遍展开,凡是参加国际赛事的国家和地区,都是通过国内和本地区的物理竞赛来选拔和组建 IPhO 代表队的。

世界各地竞赛都是分阶段,或者说是分轮进行的。在我国,国内竞赛分为初赛和决赛,初赛又可分为预赛和复赛,可以说是有 2 轮竞赛,也可以说是有 3 轮竞赛。有些国家,例如波兰和保加利亚,一年一度的物理竞赛多达 4 轮。在保加利亚,参加首轮竞赛的中学生多达 50 000 名,逐轮淘汰,最后选出 60 名学生参加第 4 轮的决赛。波兰初赛的学生不多,大约有 2000 名,参加决赛的学生却多达 400 名。大多数采取 3 轮赛制,例如英国、匈牙利、意大利、加拿大、伊朗等。加拿大初赛人数大约只有 500 名,决赛有 12 名。伊朗的初赛人数稍微多一些,大约 4000 名,决赛人数竟少到只有 7 名,决赛实质上是 IPhO 代表队的组队淘汰赛。少数只有 2 轮,例如荷兰、挪威和瑞典。

初赛的组织和考试方式世界各地不尽相同。例如在我国,初赛是由中国物理学会下属的中学生物理竞赛委员会委托各省、市、自治区物理学会或地方教育部门统一组织进行的,理论考试采取闭卷制。波兰的首轮赛称为预赛,二轮赛称为初赛,统属一级赛。一级赛由全国统一命题,试题寄发给各地中学。预赛答卷由各所中学的物理教师评分排名,初赛答卷由地区物理竞赛委员会负责评分排名。有意思的是,一级赛均为开卷考试,据说学生们可以在家里解答,可以使用所有可用的资料、工具,也可以请教老师,老师有权给学生解释,但不能直接给出解答。

决赛的安排世界各地都相同,都是统一组织,既有理论考试(均采取闭卷制),又有实验考试。决赛考场通常都设在大学里,这意味着难度的提高,也象征着气氛的升级。在我国,为减轻大学负担,1998年首次由大庆市铁人中学承办决赛,获得了各方面的一致好评。

学科竞赛属于中学生的课外活动,社会传媒很少介入。塞浦路斯和德意志联邦共和国则属例外,因为这两个国家都没有专门机构来组织各地学生参赛,于是只好求助新闻媒体。颇为有趣的是,在塞浦路斯,物理竞赛对20岁以下的全体公民开放,采取的方式是:"通过报纸和塞浦路斯广播公司,使对此有兴趣的人可以获知这个消息。"但愿报纸和电台是义务服务的,不收"广告费"。

中学物理教学情况各种各样,这反映在世界各地物理竞赛试题涉及的知识范围和题目的难度互有差异上。

欧洲诸多国家的中学物理教学大纲与 IPhO 竞赛考纲内容相近,赛题要求的知识层次较高,有相当难度。赛题的难度未必能反映课堂教学的深度,但赛题要求的高层次知识却必定有课堂教学做基础。考虑到这种关系,有必要在此通过若干赛题的介绍,与读者共同了解欧洲诸国较高一级中学的物理教学水准。

英国赛题实例

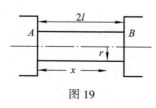

图 19

长为 $2l$、半径为 r 的圆柱形保险丝与电路中的两个电阻块 A,B 接通,如图 19 所示。设 A, B 及周围环境有相同的恒定温度 T_0, 保险丝中有电流 I 通过,并已达到动态热稳定状态。保险丝中任一正截面上的温度处处相同,记为 T_0+T, 若截面与 A 相距 x, 那么 T 为 x 的函数。

再设保险丝的电阻率为 ρ, 沿长度方向的热传导率为 λ, 单位时间内通过圆柱侧面的单位面积向四周散发的热量为 cT, 其中 c 为一常量。试证明在 T 与 x 之间可建立微分方程

$$\frac{d^2 y}{dx^2} = \alpha^2 y$$

其中

$$y = T - \frac{I^2 \rho}{2c\pi^2 r^3}$$

$$\alpha^2 = \frac{2c}{\lambda r}$$

假定此方程的解为一指数函数,请求出此解;并就 $l \gg 1/\alpha$ 的所谓长保险丝情况画出 T-x 曲线。如果保险丝某处的 T 达到 T_m 值时保险丝便会熔化,试计算能使长保险丝熔化的电流 I。

若保险丝真实长度很短,前面的微分方程便不再成立,请解释其中的原因。

这道赛题涉及热传导方程,在我国相关内容属于大学普通物理教学范畴。本题解答需运用高等数学中的二阶常系数线性非齐次微分方程知识,具体如下。

在保险丝的 x 处取宽为 dx 的一小段,单位时间内电流为它提供的热量为

$$dQ_1 = I^2 \left(\rho \frac{dx}{\pi r^2} \right)$$

因长度方向上的热传导而从 dx 段左端面流进的热量为

$$Q_2 = -\lambda(\pi r^2) \frac{dT}{dx}$$

从右端面流出的热量为

$$Q_3 = -\lambda(\pi r^2) \frac{d}{dx} T(x+dx)$$

$$= -\lambda(\pi r^2) \frac{d}{dx}\left(T + \frac{dT}{dx}dx\right)$$

$$= -\lambda(\pi r^2)\left(\frac{dT}{dx} + \frac{d^2 T}{dx^2}dx\right)$$

从侧面流失的热量为
$$dQ_4 = (2\pi r dx)cT$$
热平衡时应有
$$dQ_1 + Q_2 = Q_3 + dQ_4$$
将上述各量代入后,便得非齐次微分方程
$$\frac{d^2 T}{dx^2} = \frac{2c}{\lambda T}\left(T - \frac{I^2\rho}{2c\pi^2 r^3}\right)$$
引入
$$\alpha^2 = \frac{2c}{\lambda r}$$
$$y = T - \frac{I^2\rho}{2c\pi^2 r^3}$$
考虑到
$$\frac{d^2 y}{dx^2} = \frac{d^2 T}{dx^2}$$
即可将上面的微分方程改写成
$$\frac{d^2 y}{dx^2} = \alpha^2 y \tag{1}$$
这就是题文要求证明的微分方程。

保险丝的两端分别与 A,B 接触,这种接触应为导热接触,因此保险丝两端应与 A,B 有相同的温度,或者说微分方程(1)具有下述边界条件
$$\begin{cases} T(x=0) = 0 \\ T(x=2l) = 0 \end{cases} \tag{2}$$

设方程(1)的解为指数函数
$$y = ae^{\alpha x} + be^{-\alpha x} \tag{3}$$
其中 a,b 为待定常量。为讨论方便,引入
$$\beta = \frac{I^2\rho}{2c\pi^2 r^3}$$

则
$$y = T - \beta$$
由边界条件(2)可得
$$-\beta = a + b$$
$$-\beta = ae^{2\alpha l} + be^{-2\alpha l}$$
由此可解得
$$a = -\frac{e^{-2\alpha l}}{1 + e^{-2\alpha l}}\beta$$
$$b = -\frac{\beta}{1 + e^{-2\alpha l}}$$
再代入(3)式,便得
$$T - \beta = -\frac{e^{-2\alpha l}}{1 + e^{-2\alpha l}}\beta e^{\alpha x} - \frac{\beta}{1 + e^{-2\alpha l}}e^{-\alpha x}$$
$$= -\frac{e^{-\alpha l}}{1 + e^{-2\alpha l}}\beta [e^{\alpha(x-l)} + e^{-\alpha(x-l)}]$$
引入双曲余弦函数
$$\cosh(z) = \frac{1}{2}(e^x + e^{-x})$$
即可将 T-x 函数关系最后表述为
$$T = \beta\left\{1 - \frac{2e^{-\alpha l}}{1 + e^{-2\alpha l}}\cosh[\alpha(x-l)]\right\}$$

因 $\cosh(z)$ 为一偶函数,故 T-x 曲线在 $x=l$ 两侧具有对称性。此外,可以证明(略),$\cosh[\alpha(x-l)]$ 在 $x=l$ 处有极小值,此值为1,因此 T 在 $x=l$ 处取得极大值
$$T_{\max} = \beta\left(1 - \frac{2e^{-\alpha l}}{1 + e^{-2\alpha l}}\right)$$
若 $l \gg \frac{1}{\alpha}$ (即 $l\alpha \gg 1$),则
$$T_{\max} = \beta$$
对应的 T-x 曲线如图20所示。显然,只要 $T_{\max}$ 达到熔点 T_m,保险丝就会在 $x=l$ 处熔化,因此从

$$\frac{I^2\rho}{2c\pi^2 r^3} = \beta = T_{\max} = T_{\mathrm{m}}$$

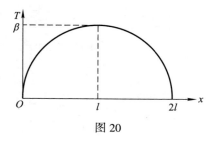

图 20

可解得使保险丝熔化的电流为

$$I = \sqrt{\frac{2c\pi^2 r^3 T_{\mathrm{m}}}{\rho}}$$

若保险丝很短，它的正截面上各点的温度差便不可忽略，T 不仅为 x 的函数，同时也为正截面上各点位置的函数，因此微分方程（1）不再成立。

波兰赛题实例

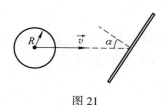

图 21

乒乓球以速度 $\vec{v}$ 围绕与速度垂直的水平轴转动着向前飞行，转动的角速度为 $\omega = \dfrac{xv}{R}$。图 21 中 R 是球的半径，球和球拍间的动摩擦系数为 $f = \dfrac{3}{4}$。假设球和球拍相碰时，球和球拍的变形可以忽略，与球拍垂直的速度分量绝对值不变。问球拍的法线与球飞行的方向之间夹角 α 为多大时，才能使球碰球拍后，其速度与原来平行，方向相反（球拍不动）？

讨论一下答案与 x 参量的关系式，并画出函数 $\alpha(x)$ 的草图。空气的阻力可以忽略，并假定球与球拍间的摩擦力只在滑动时起作用。

球对过其中心的轴的转动惯量为 $I = \frac{2}{3}MR^2$，此处 M 表示球的质量，R 是球的半径。

注意：假定摩擦力是唯一作用在球上的与球拍相切的力。

这是一道关于刚体平面平行运动的题目，我国中学物理教学尚未涉及。球与球拍碰撞的过程中，摩擦力的作用时间与碰撞力的作用时间未必相同，这是题目难度的潜藏之处。有趣的是，后来第 22 届 IPhO 理论试题中的题 1 和第 25 届 IPhO 理论试题中的题 3，都类似于上述波兰赛题，即讨论摩擦力在刚体球或刚体圆盘碰撞过程中所起的作用。为便于对照，现将第 22 届 IPhO 赛题记述如下。

图 22 所示为一半径等于 R 的实心匀质球，在朝地板下落之前球的质心静止，但球绕着过质心的一条水平轴自转，角速度为 ω_0，球上的最低点距地板的高度为 h。将球释放后，它因受重力而下落且被弹回到最低点高度等于 αh 处。球与地板相碰时的形变可以忽略，球与地板之间的动摩擦系数为已知量 μ_k。假定球是在真空中下落，且碰撞时间为有限小量，球的质量与重力加速度分别记为 m 和 g，球绕过质心的轴的转动惯量为 $I = \frac{2}{5}mR^2$。

（1）若观察到在碰撞的全过程中，球与地板接触处都有相对滑动，试求：

a) 反弹偏向角 θ 的正切值；

b) 球在第一次与地板碰撞后到第二次碰撞前，它的质心通过的水平距离；

c) ω_0 的最小取值。

（2）现在假定第一次碰撞结束前，球与地板接触处已停止相对滑动，请重新解答(1)中 a) 和 b) 两问。

（3）将（1）、（2）两种情况都考虑在内,试作 $\tan\theta$-ω_0 关系曲线。

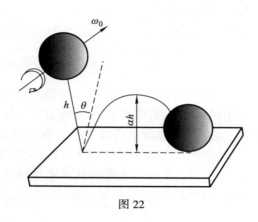

图 22

本题对摩擦力作用时间给出了明确的提示,难度显然低于波兰赛题。

匈牙利赛题实例

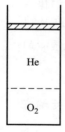

图 23

带有活塞的圆筒内有 4g 氦和 16g 氧,温度 0℃,压强为 10^5Pa,见图 23。圆筒和活塞的壁都是绝热的,使压强增加到 2×10^5Pa,求出此后混合气体的温度和体积。氦的两种摩尔热容为 C_{VH} = 12.3J/mol·K, C_{pH} = 20.5J/mol·K;氧的两种摩尔热容为 C_{VO} = 20.5J/mol·K, C_{pO} = 28.7J/mol·K。

本题涉及绝热过程方程的知识。

俄罗斯赛题实例

一个反复循环运转的装置在水流速度 v = 0.1m/s 的海洋上将大海的热能转化为机械能。考虑深度 h = 1km 处的海水最上层的温度为 $T_1 = 300K$，而与水面相邻的空气温度为 $T_2 = 280K$。装置在垂直于水流方向上的宽度为 $L = 1km$，估计该装置所能提供的最大功率。已知水的比热容 $c = 4200$ J/kg·K，水的密度 $\rho = 10^3 kg/m^3$。

本题涉及热学中的卡诺循环知识。

罗马尼亚赛题实例

例 1. 1mol 理想气体放在一个有活塞的气缸中，从初始压强 $p = 2p_0$ 等温膨胀到压强为 p_0，作用在活塞上的大气压强为 p_0。活塞和气缸导热良好，并使气体保持恒温，气体膨胀过程中，作用在活塞上的摩擦力不断变化以使活塞非常缓慢地移动，忽略其加速度，试确定：

(1) 气体熵的变化。
(2) 气体和大气整体的熵的变化。
对得到的结果进行讨论。

本题涉及热力学第二定律熵知识。

例 2. 一个电子与一个正电子绕它们的质心旋转所形成的相对稳定系统构成电子偶素(1951年发现，化学符号为 Ps)。如玻尔在氢原子中所做的处理一样，在此取相同的轨道角动量量子化，计算：

(1) 对应电子偶素的基态，电子与正电子之间的距离。
(2) 电子偶素的基态能量。
(3) 电子偶素的自旋角动量。
(4) 根据电子和正电子自旋的相对方向，有正电子偶素(自旋平行)及仲电子偶素(自旋反平行)之分。由于每个自旋角动量都带着一个自旋磁矩，计算正、仲电子偶素零轨道角动量($L = 0$)的所有可能状态下偶极-偶极相互作用的能量。

在国际单位制中,偶极-偶极能量定义为

$$W = (10^{-7}r^3)[\vec{\mu_1}\cdot\vec{\mu_2} - 3(\vec{\mu_1}\cdot\vec{r})(\vec{\mu_2}\cdot\vec{r})/r^2]$$

其中 $\vec{\mu_1},\vec{\mu_2}$ 分别表示电子、正电子的自旋磁矩, $\vec{r}$ 为连接电子与正电子的矢量。

(5)电子-正电子对会被湮灭,因此电子偶素有一个平均寿命。湮灭过程有可能是 $e^- + e^+ \to \gamma$ 吗?对解答予以证明。

(6)让一个氢原子处于第一激发能级,估计该原子所辐射的光子能使静止电子偶素电离的条件。

(7)估计湮灭过程电子偶素的最小平均寿命,以使前面确定的各量有物理意义。

已知条件为:在氢原子的玻尔模型中(认为质子的质量与电子的质量相比大很多),第一轨道半径为 0.529×10^{-10}m,基态的能量为 -13.6eV,玻尔磁子 μ_B 为 9.27×10^{-24} A·m², $\dfrac{h}{2\pi}=1.054\times10^{-34}$ J·s, $c = 3\times10^8$ m/s。

说明:为了求解第(4)问,量子化的方向取 $\vec{r}$ 方向;为了求解第(6)、(7)问,前面计算的偶极-偶极能量可以忽略;电子和正电子的自旋量子数都是 $\dfrac{1}{2}$。

本题涉及量子理论中微观带电粒子的自旋磁矩知识。

保加利亚赛题实例

例1.考虑由许多平行狭缝组成的透射衍射光栅,相邻狭缝中心相距为 d,各狭缝宽度不同,每个狭缝宽度为前一狭缝宽度之半。波长为 λ 的平面单色光垂直照射到此光栅,对于夫琅禾费衍射,试求光强 I 与观察角 θ 的函数关系,并计算衍射光强的最大值和最小值。

本题涉及变缝宽光栅知识。

例 2.有一半径 $R=10$ cm 的抛物面镜,焦距 $f=1$ m,在抛物面镜的焦点上放一薄的黑色圆板,其大小和太阳经抛物面镜反射所成像的大小一致。试求黑色圆板可能达到的最高温度。

设太阳是一个非常接近于温度 $T_0=6000$ K 的黑体,圆板周围空气的热传导可以忽略。

本题涉及黑体辐射知识。

例 3.在金属中的自由电子形成不可分辨粒子的理想气体。这意味着每一电子运动的有效体积不是金属的总体积 V,而是 V/N,式中 N 为价电子数目。每个电子的平均能量 E_0 包括:热运动的平均动能;"量子力学"运动的平均动能,这能量可根据海森伯测不准关系($\Delta x \cdot \Delta p_x \approx \hbar$)来估算。

(1) 计算在室温 $t=27$℃时钠的这两种能量,并将它们加以比较。

(2) 计算电子气的压强并与大气压强作比较。

已知:钠的密度 $\rho=9.7\times10^2$ kg/m³,钠的摩尔质量 $M=23$ g/mol,普朗克常量 $h=6.62\times10^{-34}$ J·s,阿伏伽德罗常量 $N_A=6.02\times10^{23}$ mol^{-1},玻尔兹曼常量 $k=1.38\times10^{-23}$ J/K。

(3) 估算电子气的定容热容 C_V,并与经典单原子气体的热容作比较。

提示:由于量子力学效应,处理电子气和理想气体有很大不同,电子能量 E 只能取特殊分立值(能级),根据泡利原理,不能有多于两个的电子处于同一能级。在 $T=0$K 时,电子气的总能量有一个最小值——电子填满能量较低的前 $N/2$ 个能级,式中 N 为自由电子的数目,空态与满态分界处的能量称为费米能量,可用近似式 $E_F \approx 2E_0$ 表示,

其中 E_0 为上述电子的平均能量。当温度增加时,只有能级 $E+kT$ 是空态(即在费米能级之上),一个能量为 E 的电子才能接受附加能量 kT,从而对热容有贡献。

本题涉及量子理论知识。

  例 4.解答以下各问题。
  (1) 试导出动量恒定的粒子体系,当所有粒子以相同速度沿同一方向运动时,其相对论性总能量达到最小值。
  (2) 一个高能粒子可以产生一个正负电子对(e^--e^+),电子对的产生是狄拉克在 1928 年预言的。试利用动量和能量守恒定律证明:仅当有另一粒子参与作用时,才有可能产生电子对。
  (3) 在一个静止电子的库仑场中产生电子对,试求有可能产生这过程的光子的最小能量(阈能)。
  (4) 电子对 e^--e^+ 的产生作为光子和极端相对论性的电子相互作用的结果,此电子沿与光子相反的方向运动,如果已知光子的阈能是 10eV,试求此电子的能量。

本题涉及相对论知识。

  值得指出的是,有些发展中国家对中学物理学科竞赛相当重视,伊朗便是其中之一。
  在伊朗,统筹教育规划的副教育部长负责举办物理竞赛,也有全国性的物理奥林匹克委员会,委员会的成员中有大学教授和中学物理教师。伊朗的高中为四年制,每年 6 月中旬,在高中三年级学生中举办两轮预赛,预赛都只有理论考试。参加预赛的学生大约有 3000 人,从中选出前 30 名。选出的这些学生,在 9 月份开始上高中四年级课程,其余学科教学内容不变,物理学科教学内容重新制订。6 个月以后,这 30 名学生进行包含理论考试和实验考试在内的半决赛,从中选出 7 名学生,他们可保送上大学。在新学期,这 7 名学生将接受集训,最后从中选出 5 名学生组成 IPhO 伊朗代表队。伊朗的两轮预赛试题都取材于统编的物理教科书,题目不难,而且涉及的知识较为基础,当然这与试题仅适合高中三年级学生有一定关系,但在一定程度上也反映出伊朗的中学物理教学大纲低于 IPhO 考纲。从上面介绍的情况可以看出,为参加 IPhO,伊朗也采取了组建试验班和集训队的措施。经过知识补充,半决赛试题的知识层次和难度陡然提高。例如在 1989 年 2 月进行的半决赛中,理论试题 1 便是一道关于蹬自行车的刚体难题:

有一辆自行车,每个轮子的半径为 R,质量为 m(假定质量均匀地分布在轮子圆周上)。设车和人的总质量为 M,质心的高度为 h,水平位置在两轮的轮轴之间,与两者的距离均为 l,假定施给后轮的力矩为 τ。
(1) 求自行车的加速度。
(2) 要保持轮子不滑动,τ 的最大值是多少?(动摩擦系数为 μ)
(3) 如果 μ 足够大,使得轮子不滑动,是否存在 τ 的最大值?

伊朗队的努力是有收获的,他们在国际竞赛中的成绩呈上升趋势,尤其在 1997 年的第 28 届 IPhO 赛事中,1 名伊朗队队员摘取了个人第 1 金牌桂冠。

美国尽管是科技强国,但世人普遍认定其国内中学物理教学水平不高,其中说得清楚的一个原因是美国的中学生太贪玩,其他原因就不去深究了。然而,许多人在感慨美国人能"玩"出大科学家来的时候,似乎没有注意到在美国有一个中学的高等课程计划(简称 AP 计划),它为好学的中学生专门开设 19 个专业的 32 门大学水平课程和相应的考试。AP 计划中的物理学分为 B 和 C 两种,使用的都是大学物理教材,例如 F.希耳斯的《大学物理学》和 D.哈里德的《物理学基础》等。AP 计划用来激励有才华的学生,物理学习优秀的美国中学生认为 AP 计划中的物理学颇具挑战性。美国高中四年制,学校让那些学生在一年级时选修 AP 物理学 B,到四年级时选修 AP 物理学 C。通过 AP 计划的实施,在美国已经出现一批优秀的中学生,学生通过选修课,接受相对论、粒子物理和天文物理等方面的教学。了解到上述情况,若有美国队学生在 IPhO 赛场上获得金牌,我们就不会感到意外了。

2. IPhO 代表队的培训

绝大多数国家和地区通过物理竞赛选出 5 名学生,组成参加 IPhO 的代表队。在一些国家中,学科竞赛成绩优秀的中学生被保送上大学是一项普遍的奖励政策。在芬兰,"实际上,大学和技术大学的所有数、理、化学科都允许各有关全国竞赛中的前 10 名优胜者免试入学"[1]。波兰的同行对他们国家的情况作如下介绍。

> 国家对物理奥赛的优胜者,除发给荣誉证书和奖金外,还给予升学方面的优厚待遇。现在是这样规定的:
> (1) 所有决赛的参加者(一般有几十到近百人)不论其成绩如何,都享受:
> ① 在学校中免试物理,并获 5 分的优秀成绩(波兰实行 5 分制);
> ② 有权免试直接升入大学和师范院校的物理专业;
> ③ 升入其他高等学校,需要考物理的,免试物理,物理自然得 5 分。
> (2) 物理奥赛的优胜者可直接保送上大学或师范院校以及其他高等学校的理科专业,工科专业只需加试绘图,只要符合参军的条件,也可直接保送到军事技术院校。[2]

---

[1] 〔波〕高日柯夫斯基(Gorzkowski W). 国际物理奥林匹克竞赛. 密子宏、沈珊雄,译. 上海:上海科技教育出版社,1991;200.

[2] 〔波〕瓦·高日柯夫斯基. 中学物理奥林匹克趣题选及解答. 章达君、赵凯华,编译. 长沙:湖南教育出版社,1990;225.

在一些西方发达国家,学生不是通过考试上大学的,而是通过对申请者的学历论证后批准入学的。学生一般均自费上大学,或由家庭支付,或从银行贷款。少数学生可以申请到奖学金,IPhO 代表队队员因物理学习成绩优秀,在这方面处于有利地位。加拿大的 J. Wylic 和 W. J. Cross 曾经提及:"任何参加物理或化学奥林匹克代表队的学生,只要他符合通常的入学条件,许多加拿大大学就向他提供入学奖学金。"①美国的情况不详,但有一个事实是,美国的加州理工学院、加州大学(伯克利分校)、斯坦福大学等,对 IPhO 中国代表队队员享受本科全额奖学金的转学申请会明显地优先考虑。前文提到的第 20 届 IPhO 中国代表队队员毛甬,赛后直接赴英国读大学,也是申请到奖学金后才去的。

在培训方面世界各地做法不一样,大体可分为三类:不培训、短时间的培训、较长时间的培训。

别的地方不太了解,但英国和联邦德国一直被认定是从不搞培训的国家。不搞培训的原因大概有三个方面(或占其一、或占其二、或占其三):一是国内中学(或部分中学)物理教学水准高;二是组织工作有一定困难;三是竞争意识淡化。基于公平性考虑,也出于自尊心,竞争意识淡化只是相对而言的。英国的 C. Isenberg 博士早在 1989 年便直言:"在过去的几年中,我们从来没有在国际物理奥林匹克赛前为英国参赛队举办训练班。但今年我们举办了周末训练班,在训练班上,给学生辅导一些在学校教学中没有的内容……"②

有些国家培训时间确实很短,究其原因,仍在上述三个方面之内。必须承认,一个国家的科技水平越高,在学科竞赛中的竞争意识越容易淡化。落后国家更应当关注的事情是如何提高本国的综合国力,不必把在国际上的学科竞赛或者其他赛事中获奖牌过高地视为国威的象征。然而,公平性是竞赛中的一项基本准则,每支代表队都有权利尽可能让自己的队员与竞赛大纲处于平等的地位。

---

① 〔波〕高日柯夫斯基(Gorzkowski W). 国际物理奥林匹克竞赛. 密子宏、沈珊雄,译. 上海:上海科技教育出版社,1991:130.

② 〔波〕高日柯夫斯基(Gorzkowski W). 国际物理奥林匹克竞赛. 密子宏、沈珊雄,译. 上海:上海科技教育出版社,1991:365.

英国的领队认为有必要"给学生辅导一些在学校教学中没有的内容",他根据的也就是这一条准则。组织方面的困难确实会制约代表队的培训工作,有些国家采取的办法是将培训下放到国内竞赛辅导中去,相应地提高国内竞赛试题的知识水准和难度。加拿大 1989 年在向 IPhO 国际委员会秘书长提交的报告中称,自己的代表队只有 5 天集训时间。报告同时述及,加拿大国内竞赛中,学生必须参加训练计划,这由竞赛的协办大学或国家组织提供。接着报告中又感慨道:"纵观加拿大各种训练计划的投入程度,地区与地区之间截然不同,令人不无遗憾。至今已有 5 个代表队出席国际物理奥林匹克,他们来自 10 个省中的 7 个省,来自渥太华、魁北克和不列颠哥伦比亚各省的代表最多,大概是由于这些省有更多的强化训练计划。"[①]为什么要这样做呢?他们认为:"国际物理奥林匹克中,理论题和实验题都有,理论题考试大纲包括了大学一年级分量较重的物理学内容,要求达到的水平相当于一名优秀的大学一年级(甚至二年级)学生的水平,但不要求大量运用微积分。这样的内容要求对加拿大中学生来说是太高了。"[②]经过地区大学或国家组织设置的训练,组成代表队的学生在解题技能方面,常常与加拿大大学物理专业二年级学生一样,甚至更好。

保加利亚的集训时间相对来说较长,向外公布的时间是 1 个月,他们的国内竞赛课外辅导时间更长。索菲亚大学的 M. H. Maksimov 介绍说:"在我国有些城市有由物理讲师指导的特别校外物理小组,每年补课时间约用 120 小时,保加利亚物理奥林匹克的许多最好的学生都是这个校外小组的成员。"[③]其中所说的讲师显然为大学教员。当地中学物理教学内容与国际竞赛考纲差距大时,组织者主观上都希望有较多的时间为代表队队员补课培训。例如伊朗队和塞浦路斯队的集训时间都是 50 天,土耳其队和哥伦比亚队的集训时间是 40 天。

[①②] 〔波〕高日柯夫斯基(Gorzkowski W). 国际物理奥林匹克竞赛. 密子宏、沈珊雄,译. 上海:上海科技教育出版社,1991:128.

[③] 〔波〕高日柯夫斯基(Gorzkowski W). 国际物理奥林匹克竞赛. 密子宏、沈珊雄,译. 上海:上海科技教育出版社,1991:111.

在国际竞赛中，领队们对代表队的培训时间很敏感，《国际物理奥林匹克竞赛》①中只提供了 17 支代表队自报的培训时间，多数国家代表队的培训时间很难了解到。本书中强调的一是中国队无论取何种形式，都必须培训，否则我们的队员面对 IPhO 竞赛大纲将处于极不平等的地位；二是培训时间不能过长，因为对学生来说，学科竞赛只是他们的一次经历，而不是他们的职业。确实，在我国从来没有过两次参加 IPhO 的队员。应该有培训，这即使不是全体领队也必定是多数领队的共识。分歧之处在于培训的方式和时间的长短。培训的方式应更多地强调学生的自学，因为竞赛辅导应属素质教育，不应采取应试教育方式。如果采取分散性的地区教员指导下的自学方式，集训时间便真正地化整为"零"了。这里的"零"，不是零散的零，而是计数上的零。如果因为实施上的困难，尤其是为了防止这种指导的泛滥与失控而不得不采取集中性的教师指导，那么这种自学的时间会全部计入培训时间的账上，这是可以理解的。如果我国中学教学水准与 IPhO 考纲相近，或者部分中学教学水准与 IPhO 考纲相近，或者也有类似美国的 AP 计划，培训时间无疑可以明显地缩短。

美国教员对参加 IPhO 也是相当重视的。1994 年第 25 届 IPhO 在北京举行，有一位美国的年轻教员特意前来考察这一赛事活动。后来据我们在美国读书的学生说，这位教员将参与美国队的培训工作。顺便提一下，在美国，还有大学生的物理竞赛，主办者是著名的哈佛大学。

IPhO 代表队的培训工作一般都是由大学来承担的，例如在保加利亚，参加 IPhO 的学生在索菲亚大学进行强化训练，训练时间持续约 1 个月。在加拿大，不列颠哥伦比亚大学设有中央奥林匹克训练营。在荷兰，格罗宁根大学参与培训工作。波兰队的培训工作由华沙大学承担。

关于培训的目的和培训的内容，正如秘书长 W. Gorzkowski 所言：

---

① 〔波〕高日柯夫斯基(Gorzkowski W). 国际物理奥林匹克竞赛. 密子宏、沈珊雄，译. 上海：上海科技教育出版社，1991：91.

（在波兰）训练的目的是提高学生的实验技能，并在国际物理奥林匹克大纲中规定但在波兰中学却没有的领域，帮助他们解题。[①]

　　在训练期间，以往的国际物理奥林匹克试题和以往的波兰奥林匹克试题（每2~3年以书的形式出版），都拿来使用。[②]

如果国内中学教学水平较低，组织者对代表队的培训计划就考虑得更为细致。塞浦路斯在这方面有较详尽的报告。

　　代表队的培训包括：
　　(a) 国际奥林匹克参赛大纲中有，但塞浦路斯中学教学计划中没有的内容，如相对论、热力学和量子物理。
(b) 解历届物理奥林匹克竞赛的理论试题和附加的较难的例题。(c) 做实验，以获得使用设备和误差分析的能力。[③]

培训工作结束后，分布在世界各地的众多代表队学生，在教员们的带领下，陆续飞赴赛地，参加一年一度的 IPhO 大赛。

[①②] 〔波〕高日柯夫斯基(Gorzkowski W). 国际物理奥林匹克竞赛. 密子宏、沈珊雄，译. 上海：上海科技教育出版社，1991：317.
[③] 〔波〕高日柯夫斯基(Gorzkowski W). 国际物理奥林匹克竞赛. 密子宏、沈珊雄，译. 上海：上海科技教育出版社，1991：180.

一年一度的赛事

1. 繁忙的东道主

一年一度的 IPhO 赛事虽然只有 9 天的时间，东道主的准备工作却早在几年前便已开始。

我国从 1986 年正式参加 IPhO。不久，有许多代表队领队在非正式的场合纷纷建议中国主办这一赛事。随即，秘书长 W. Gorzkowski 也表示了同样的愿望。经过几年参赛，我们代表队取得了较好的成绩，中国主办 IPhO 的事宜也开始在国内筹划起来。先是由中国物理学会和中国科协联合向当时的国家教委递交报告，提议 1994 年由我国承办第 25 届 IPhO，获准后通过中国代表队领队向 IPhO 秘书处提出正式申请，很快就在 IPhO 国际委员会会议上一致通过。

1993 年筹备工作正式启动，国家财政部负责专项拨款。当年，第 24 届 IPhO 在美国东部海滨城市威廉斯堡举行。为办好第 25 届赛事，各级部门联合派出 5 人观察小组，随同中国代表队前往威廉斯堡进行赛事考察。5 名观察员分别是李超兰（代表国家教委）、李更华（代表国家财政部）、蒙星（代表中国科协）、沈克琦（代表中国物理学会和第 25 届 IPhO 组委会）和尚世铉（代表第 25 届 IPhO 实验题命题小组）。

第 24 届 IPhO 于 7 月 17 日下午举行了闭幕式，按照惯例，闭幕式的最后一项内容是由本届组委会特请下一届组委会代表发言，沈克琦教授代表我国组委会发言并发出参加 1994 年 7 月 11 日至 19 日将在北京举行的第 25 届 IPhO 盛会的热情邀请。他在讲台上还向大家展示和介绍了第 25 届 IPhO 的会徽，那是一段"τ"字形的万里长城。τ 代表 τ 粒子（在这之前北京电子对撞中心测得了精度达

到当时最高的 τ 粒子质量值），它象征着近代科学；万里长城则象征中国悠久的历史。沈克琦教授的这一解释博得了全场一阵又一阵热烈的掌声。

第 25 届 IPhO 赛事由中国物理学会和中国科协青少年部具体操办。有关人士共同商定：代表队领队和观察员等下榻燕山大酒店，代表队队员住宿皇苑大酒店，IPhO 国际委员会的会议地点设在北京大学，理论考试安排在皇苑大酒店，实验考试安排在北京师范大学。

为举办如此大规模的国际学科竞赛活动，历届东道主都要设置各种机构。其中必不可少的是组织委员会、命题委员会、评分组和导游组。有时还会有些附设机构，例如美国专设了一个由 5 位诺贝尔物理学奖得主、1 名 IBM 公司代表、1 名美国物理学会代表和 1 位芝加哥大学教授组成的名誉委员会，还设了一个 5 人财务委员会。5 位诺贝尔奖得主分别是：哈佛大学的 Nicolaas Bloembergen（布洛姆伯根，因非线性光学和激光光谱学的研究于 1981 年获奖）、普林斯顿大学的 Val Fitch（菲奇，因做 K^0 介子衰变实验确定 CP 不守恒于 1980 年获奖）、哈佛大学的 Sheldon Lee Glashow（格拉肖，因 1973 年发展了温伯格-萨拉姆的弱电统一理论于 1979 年获奖）、贝尔实验室的 Arno Penzias（彭齐亚斯，因发现宇宙微波背景辐射于 1978 年获奖）、俄亥俄州大学的 Kenneth G. Wilson（肯尼思·G. 威尔孙，因建立相变的临界现象理论于 1982 年获奖）。

我国的组委会名誉主席由中国科协主席朱光亚担任，主席由国家教委主任朱开轩担任，副主席由国家教委副主任柳斌、北京大学副校长陈佳洱以及沈克琦教授、赵凯华教授 6 人担任，赵凯华教授兼任秘书长。此外，北京大学副校长王义遒等 12 人为委员会委员。

美国的组委会结构很有意思，组委会主席 Leon Lederman（莱德曼）教授是 1988 年诺贝尔物理学奖得主（因参与 1962 年中微子束研究工作，发现 ν_μ，验证了轻子的二重态结构，与另外两位合作者一起获奖），执行主席 A. Eisenkraft 却是纽约的 1 位中学教师。其余 8 名成员中，3 名来自大学，1 名来自美国物理学会，2 名来自物理教师协会，2 名来自中学。

我国的命题委员会由 17 位教授组成,他们分别来自北京大学、北京师范大学、复旦大学、南京大学、兰州大学和中国科技大学,沈克琦教授任主任,丛树桐、尚世铉任副主任。

多数情况下命题委员均由大学教员担任,个别情况命题委员会中有中学物理教师加入。例如美国的 8 人命题委员会主任为麻省理工学院的 1 位教授,委员中有 1 名来自马萨诸塞州(即麻省)的一所中学。中学教师参与 IPhO 考试命题,间接地显示了美国部分中学物理教师的教学水平。

命题委员会既然是一个集体,一种可能的工作程序是先了解 IPhO 考纲和熟悉历届赛题,接着由各位委员独立编题,集体讨论后选出 3 道理论试题和 1 道或 2 道实验试题,再经若干次的修改,最后定稿。另一种可能的工作程序是仅由个别委员命题,经其他委员反复审改后定稿。

命题委员会的工作与东道主代表队的培训工作截然分开。例如第 25 届 IPhO 中国代表队的辅导教员和其他工作人员从不过问命题委员会的组成情况。

我国的评分小组由 42 位大学教员组成,负责人为沈克琦、丛树桐和尚世铉 3 位教授。

评分组成员一般都很多,这有利于阅卷工作按时保质完成。美国的评分组成员也多至 29 人。

东道主要为每一支参赛代表队配备一名口语翻译兼导游。参赛代表队越多,导游组越庞大。参加第 25 届 IPhO 的代表队共有 47 支,中国代表队的导游可以省去,中国台北队的导游却不能省。46 名导游中的绝大部分是北京大学西语系的学生。其中女生较多,一方面是因为学外语的女生比例较高,另一方面也因为女孩子比男孩子有耐心,更适合承担这样的工作。导游中有 3 名是第 23 届 IPhO 中国代表队队员,他们是澳大利亚队的导游李翌、英国队的导游张霖涛和新加坡队的导游石长春。这 3 名学生于 1992 年秋进入北京大学物理系,随所有北京大学新生一起去河南信阳陆军学院军训 1 年,1993 年秋才成为事实上的大一学生。1994 年的第 25 届 IPhO 恰好在暑假举行,而他们的英语口语相当流利,便介绍他们当了导游。

开赛前几个月,东道主的组委会便要向各国(地区)发出由组委会主席签署的邀请函,邀请函的抬头一律是"Dear Colleagues(亲爱的同事)",同事即一同参与 IPhO 组队工作的同行,这样的称谓无论是领队还是其他主管部门负责人都便于接受。随后,组委会还要寄发有关赛事的日程安排、食宿情况、赛地气候条件等各种资料。美国做东时,在一份函件中还附有一段告示文字:

烟酒告示

  组委会提请各代表队在美国停留期间,务必注意我国的烟酒规定。

  在美国,年不满 21 岁的人均不允许购买含酒精的饮料,也不允许年满 21 岁的人向不满 21 岁的人提供含酒精的饮料。任何一位来宾若是违反上述规定,便意味着自动放弃参加本届 IPhO 赛事的权利。

  年龄不满 18 岁的学生不可购买烟草制品。赛地威廉-玛丽学院,只允许在专设的场所吸烟。美国的大多数办公楼内,都不允许吸烟。

  本届赛期内,所有国际委员会会议和就餐场所都不允许吸烟。

"禁"酒问题不大,青少年学生一般都不喝酒。部分"禁"烟却委屈了不少大人。因为许多领队(包括中国领队)和观察员都有吸烟的习惯,公共场所不让吸,只得在宾馆客房内吞云吐雾了。

代表队报到的那一天,负责接待的工作人员忙碌极了。由北京大学学生组成的导游队员在机场迎接一支支代表队,大热天领着队伍走出机场,既要照顾比自己小的那些"贵宾",防止他们走散,又要不时地与领队们寒暄。签到处客人众多,却不喧闹。国外的孩子虽然通常比中国孩子更加好动,但在异国他乡还是比较安静的。倒是领队会提出各种各样的问题,例如学生住处与他们相隔多远,怎么兑换人民币,除了西餐是否还供应中餐等等。伊朗领队刻意打听的却是去什么地方可以买到一把雨伞。果然,而后两天雨水频繁,这应了酷热干旱的北京地区的一句老话:"远来的和尚会念经。"

开幕式那天,东道主的全班人马披挂上阵,从此组委会由后台走到前台。

第 25 届 IPhO 的开幕式在北京大学电化教学楼的多功能报告大厅内举行。与历届 IPhO 的开幕式不同,本届组委会采纳了我们的提议,由第 23 届 IPhO 金牌得主李翌在西语系 1 名女学生的协助下主持开幕式。那一天,李翌穿着洁白的短袖衬衣,系着深色领带,西语系的女学生穿着背心裙,台上两个年轻人一片明亮,台下领队们阵阵赞赏。我坐在自己的位子上,看见的似乎只有这两个孩子,听见的也只有他们的声音——

"Ladies and Gentlemen:

The opening ceremony of the 25th International Physics Olympiad is now going to begin⋯"

热闹的赛事活动正式拉开了帷幕。

附　　录

第 25 届 IPhO 开幕式主持词(李翌)

女士们、先生们:

第 25 届国际物理奥林匹克开幕式现在开始。

中国作为东道主举办这样一个大型的国际物理竞赛,在历史上还是第一次,我们为此感到自豪。45 个国家派出他们的代表队,此外还有 1 支地区代表队(中国台北队,译注)和 1 支以个人身份参赛的 5 人代表队(因受国际制裁,南斯拉夫不能以国家名义组队,故以个人身份参赛,译注)。这是一次规模空前的盛会。

现在,请各代表队依次入场。

……

我们非常荣幸地以组织委员会全体成员的名义,热忱欢迎所有参赛队员、领队、观察员和随行记者,欢迎你们前来参加第25届国际物理奥林匹克赛事,衷心祝愿你们在北京快乐、如意。

在这具有特殊意义的时刻,我回想起了两年前一个同样美好的日子,在芬兰赫尔辛基举办的第23届国际物理奥林匹克正是在那一天进行闭幕式。我参加了这一仪式,而且是那样的高兴,因为我获得了一枚金牌。两年后的今天,我的心情更加激动,因为我有幸能和来自世界各地的同学们一起参加我国举办的物理大赛,共同分享欢乐和荣誉。在此,我代表历届中国代表队队员,代表北京大学全体学生,祝愿本届赛事取得圆满成功,祝愿每一位参赛选手取得好成绩,祝朋友们在北京玩得痛快。

现在让我们来介绍出席今天盛会的诸位嘉宾。

柳斌先生

高日柯夫斯基博士

……

第24届IPhO开幕式即兴演讲

(Leon Lederman,1988年诺贝尔物理学奖得主)

我在这里欢迎你们,不只是欢迎你们来到美国,来到威廉斯堡,而且还欢迎你们来到物理学家的世界沙龙。你们中的一部分将从事物理学事业(你们中的另一部分会转向诸如化学或生物学的其他学科),加入已有二千六百年古老历史的大家族。这个家族本已确立了自己的目标:探索和理解我们生活于其中的整个无机世界。星系和星球是如何形成的?它们的能源是什么?世界是否有一个开始?如果有开始,那么在这之前世界又是怎样的呢?尘埃是由什么组成的?正是粒粒尘埃构造出了我们这些凡人。光是什么?原子又是如何辐射光的?物质、能量和空间、时间是否都存在一个基本的单元?从湍流到超导,复杂系统展示着各种奇妙的特性,我们能将复杂系统研究清楚吗?为什么世上只有6种夸克和6种轻子?这些粒子的质量又是从何而来的?

物理学家毕生致力于寻找上述问题的答案,这可追溯到二千六百年以前的古希腊学者,至今仍在进行。物理学家的探索改变了居住在地球上的人类的生活方式,极大地增强了人类的创造能力,不断开辟着人类新的前景。然而,以物理学为基础的当代技术也给我们这颗星球上的全体居民带来一系列严重的问题。物理学为新技术的不断创生提供着知识基础,如今要面对由技术进步产生的诸如责任、债权分担以及利益分配的众多问题。我们中间的一部分,作为物理学者,应当思考如何解决这些问题。或者,既然我们也是社会中的成员,不妨去协助政治领导们共同来解决这些问题。

物理学家始终在进行一场世界性的反对愚昧的战斗,其历史远远早于联合国。听一听这些学者的名字,有那么一天当你宣布"我已是一名物理学家"时,你也便成为其中的一员:阿基米德、德谟克利特、托勒密、哥白尼、伽利略、开普勒、布洛赫、塞曼、汤川秀树、牛顿、费米、海森伯、玻尔、洛伦兹、朝永振一郎、法拉第、薛定谔、爱因斯坦、仁科、汤姆孙、居里、德布罗意、安培、库仑、劳仑斯、费曼、盖尔曼。

物理学从其诞生之日起,便是一门没有国界的实践学科。我们所有这些人,无论从挪威到苏里南,还是从新西伯利亚到阿根廷,都共同经历过如何去读懂量子力学和如何去求解周期性方势阱薛定谔方程的过程。正是有过这一共同的经历,我们才能合作解决当代的种种问题。世界各国在欧洲原子核研究委员会、在费米实验室和在众多天文观察站中的成功合作,便是明证。我们将继续进行合作,寻找更有益于环境保护的廉价能源,提高发展中国家人们的生活水准。我们也可以与地质学家、海洋学家以及大气化学家合作，共同处理地球上的环境问题。

在座的所有人都为物理学已取得的巨大成就深深感动，我却要告诉你们，刚才当我注视着学生将他们的国旗一面一面插到台上时，我是如何激动不已。迈步走上台阶的每一个学生都是那样的年轻，专心致志，他们的双眼闪烁着热情和智慧，这使我意识到未来还将会有一大批伟大的科学家。只要我们能够继续吸引像在座学生一样富有创造力的学生，物理学将一如既往地保持其科学之首的地位。

我还愿意向在座的学生们担保，即使到你们的子女长大成人后，物理学科中仍然会有众多难题留待解决。从量子宇宙学到混沌学，还有在材料科学中，处处都酝酿出新的课题。在化学、生物学和神经生理学等其他学科中，为进一步培养学生的专长，物理学将继续是受欢迎的基础工具。因为在学物理时必须要懂得计算机，还要掌握数学技巧并且会使用各种仪器。计算机、加速器、光源甚至绕线盒，对于考古学、动物学和分子医学等各门学科的研究，都是必不可少的。

我想讲一个美国学生非常熟悉的故事来结束我的讲话。有一只饿极了的老鼠，躲在厨房的墙洞里。老鼠清楚地知道奶酪放在什么地方，只是听到洞外的猫在来回走动，它实在害怕。突然，老鼠听到一声狗叫，"啊，原来这不是猫，是那条老狗，我保证能跑在它的前面。"老鼠对自己说着，便飞快地窜出墙洞。猫一下子抓住了这只老鼠，三口两口便咽下了肚。猫舐着胡须，不无得意地说："懂得两种语言，总是会有收获的。"欢迎你们来参加奥林匹克，祝愿你们都能夺得金牌。

2. 有序的赛程

开幕式在报到后的第2天上午举行，热闹而有序的赛事活动从此逐项展开,这一切在日程表上写得清清楚楚。正式的日程表印制得还很精美。从下面第 25 届 IPhO 的两份日程表中可以看出参赛队员与领队活动内容的区别。

第 25 届 IPhO 学生活动日程表

(注:宾馆指皇苑大酒店,餐厅设在宾馆一楼)

7 月 11 日　　　报到

7 月 12 日

　　7:30　　早餐　　　　宾馆
　　9:40　　集合出发　　宾馆大厅
　　10:30　 开幕式　　　北京大学电化教学楼多功
　　　　　　　　　　　　能大厅
　　11:30　 自由活动　　北京大学校园
　　12:30　 招待会　　　北京大学勺园饭店
　　13:45　 集合返回　　北京大学勺园饭店
　　14:00　 休息　　　　宾馆
　　18:00　 晚餐　　　　宾馆

7 月 13 日

　　6:10　　早餐　　　　宾馆
　　7:00　　理论考试　　宾馆多功能厅
　　12:15　 午餐　　　　宾馆
　　14:30　 集合出发　　宾馆大厅
　　15:40　 游览　　　　碧云寺
　　……

7 月 14 日

　　……
　　8:30　　自由活动　　天安门广场
　　……
　　12:30　 午餐　　　　中山公园
　　……
　　14:00　 游览　　　　故宫博物馆

7月15日

A 组

5:40	早餐	宾馆
6:10	集合出发	宾馆大厅
……		
7:00	实验考试	北京师范大学英东楼
13:40	集合返回	英东楼正门
14:00	午餐	宾馆
14:45	休息	宾馆
……		

B 组

7:00	早餐	宾馆
	休息	宾馆
11:00	午餐	宾馆
……		
13:00	实验考试	北京师范大学英东楼
19:10	集合返回	英东楼正门

7月16日

……

9:30	游览	八达岭长城
……		
19:15	观看杂技	二七剧场

7月17日

……

8:00	游览	颐和园
9:20	游览	昆明湖,石舫处上船
	联欢	与中国学生
……		

7月18日

......
10:00	闭幕式	北京国际会议中心
12:00	宴会	亚运村活动中心
13:30	集合返回	停车场
	自由活动	
18:00	晚餐	宾馆

7月19日

7:30	早餐	宾馆

第 25 届 IPhO 领队活动日程表

(注:宾馆指燕山大酒店)

7月11日	报到	

7月12日

......

10:30	开幕式	北京大学电化教学楼多功能大厅
11:30	自由活动	北京大学校园
12:30	招待会	北京大学勺园饭店

......

14:00	讨论理论试题	北京大学电化教学楼多功能大厅
18:00	晚餐	北京大学勺园饭店
19:30	翻译理论试题	北京大学电化教学楼计算机房
22:00	夜宵	

(19:00 开始,每半小时有车从北京大学驶往宾馆)

7月13日

......

9:30	游览	八达岭长城

......
| 14:00 | 游览 | 十三陵 |

7月14日
......
| 8:30 | 游览 | 颐和园 |
......
13:00	讨论实验试题	北京大学电化教学楼多功能大厅
18:00	晚餐	北京大学勺园饭店
19:00	翻译实验试题	北京大学电化教学楼计算机房
22:00	夜宵	

（19:00开始,每半小时有车从北京大学驶往宾馆）

7月15日
......
| 9:00 | 自由活动 | 天安门广场 |
......
| 14:00 | 游览 | 颐和园 |
......

7月16日
......
| 8:10 | 讨论理论考试分数 | 宾馆二楼多功能厅 |
......
| 13:00 | 讨论理论考试分数 | 宾馆二楼多功能厅 |
......
| 19:15 | 观看杂技 | 二七剧场 |

7月17日
......
| 8:10 | 讨论实验考试分数 | 宾馆二楼多功能厅 |

……		
15:00	国际委员会会议	北京大学电化教学楼多功能大厅
……		
19:30	国际委员会会议	北京大学电化教学楼多功能大厅
……		
7月18日		
……		
10:00	闭幕式	北京国际会议中心
12:00	宴会	亚运村活动中心
……		
7月19日		
7:30	早餐	宾馆

在整个赛程中,学生有两次考试,其余时间除了必要的休息之外,都是娱乐活动,这确实体现了东道主的好客和对学生们的关心。考试后,东道主的大批教员要花很多时间阅卷评分;接着,领队们还要排长队与评分教员认真讨论本队队员得分情况;最后,IPhO 国际委员会要开会确认竞赛成绩,分配各类奖项。大人们有那么多事情要做,又不能让这些孩子静坐着想家,看来还是让他们在导游陪同下尽兴玩耍的好。

从报到之日起,学生和领队便分住两处。早期,这两处相距甚远。例如,1990 年朱世嘉老师和我带队去荷兰格罗宁根参赛,直到闭幕式后主人把我们师生送上车,我还是弄不清楚这些日子我们的队员究竟住在什么地方。分住两处,为的是避免有泄密之嫌。第 22 届 IPhO 在古巴哈瓦那举行,领队们住在海滨一家西班牙人留下的宾馆,队员们则住在城里一所大型技术学校的学生宿舍里。记不清是因为北京与哈瓦那之间没有直达航班,还是因为航班日期不合适,总之我们是借道旧金山和墨西哥城抵达赛地的。旅途极为疲劳,古巴天气又非常闷热,5 名队员中有 4 名发烧、腹泻。领队去看望学生,小车开了好长时间才到。学生住在二楼,中央大厅通往宿舍的楼梯上有专门的工作人员在值班。师生见面格外亲热,学生反而安慰老师不要担心,还从旅行包里找出好吃的东西请领队吃。教这样的孩子,确实是生活中美好的内容。队员们带病考试,还使中国队第一次获得5枚金牌的好成绩。

后来,师生之间距离的重要性逐渐被弱化。在美国,从领队休息的小宾馆到威廉-玛丽学院学生区,散步几分钟便可到达;在北京,燕山大酒店与皇苑大酒店也只隔几条马路;在澳大利亚,东道主干脆让师生都挤在一所大学的学生宿舍里,领队与队员成了抬头不见低头见的邻居。说到在澳大利亚参赛,当时南半球正处于冬季,可是一点儿也不感觉冷,因为堪培拉大学供暖情况良好,好得让我们坐立不安。就算把房间里的暖气关紧了,温度仍然降不下来,最终我们发现是楼道里不可调节的管道在不断放出热量。没有办法,只得敞开窗户睡觉。

无论住地远近,师生们都自觉遵守成文的竞赛准则和不成文的道德规范。实验考试前,领队和队员之间从来不通电话(在关键时刻,主人出于谨慎,也许会把学生的电话线掐断了),必要的联系都是通过导游来进行的。在芬兰、美国等地参赛时,他们为我们配备的导游均是中国留学生,汉语和东道主的语言都说得很流利。澳大利亚给我们学生做导游工作的是一位眉清目秀的女学生,祖籍福建,出生在马来西亚,后又去澳大利亚读大学,英语说得好,普通话讲得较为困难。我们的队员都称她为佩佩小姐,彼此熟悉得很快,不过两天,学生们便把她视为代表队的成员了。在古巴参赛时的中国队导游是华人与印度人的后裔,只会说西班牙语和英语,我们的队员用英语和他交谈。在波兰参赛时的中国队导游是一位非常热心的波兰女青年,她曾在北京语言学院进修过,对北京大学的情况也甚为了解。她的汉语发音很准确,身边还总带着一本字典,有时为了用词准确,先礼貌地说一声"对不起",再打开字典查阅。对她这种认真负责的态度,我们极为赞赏。最后一次带队去挪威,导游是一位地道的挪威小伙子,身材魁梧,脸盘方正,典型的北欧男子汉,虽然不善言词,所说英语还是能让学生们听得懂。

报到后的次日起,所有的赛事活动都按日程表进行。

学生在第一天上午的开幕式后,下午在住地休息,准备第二天上午的理论考试。理论考试多在 8:00 开始,偶尔也有从 7:00 开始的。考场设在一处,分几个房间,同一个代表队的队员彼此隔开。学生进入考场后,导游留在场外休息室。试卷事先已放在考试桌子上,不到时间不准翻阅。解题期间如果考生有什么问题,可以通过监考教员请本队导游进入考场协助解决。考试 5 个小时,时间漫长。选手们一般都是不到时间不交卷,我们有的队员提前两个小时就把题做完了,仍坐在那里反复检查。检查两遍,自我感觉良好,放松下来,这才意识到该喝点什么,吃点什么了,便要了饮料和小点心不出声地享用起来,同时继续复查。事实上,无论怎样复查,差错总是难免的。第 20~27 届 IPhO 赛事中,理论考试都没有得满分的。写到这里(1999 年 7 月),恰好第 30 届 IPhO 中国队从意大利参赛归来,听说本届理论考试竟然有多名选手得到满分,实感意外。

走出考场,不知疲倦的学生热闹开了,俄国的学生尤其关心自己的考试结果,甚至会找我们的队员来对答案。尽管我们事先告诫队员不要讨论理论题的解答,以免影响后面的实验考试,但实际上他们背着领队并不完全听话,孩子究竟还是孩子,哪能这么"超脱"。

下午和第三天全是游览,来自世界各地的队员在嬉闹中相互结识,建立了友情。

这一天半的时间里,学生们都玩得很开心,但也有个别例外。在我国竞赛时,来自北京四中的队员饶京翔,做第 3 题"有表面摩擦的圆盘的碰撞"时,所列方程中有一项差了一个正负号,使求解变得极为麻烦。根据经验,他意识到必定是哪儿有错,否则不会得不出一个"漂亮"的结果,可惜始终未能查出这个讨厌的正负号。出考场后,感到有些懊恼。为了控制自己的情绪,不影响后面的实验考试,这天下午他没有去游览碧云寺,把自己关在宾馆房间里,来回踱着方步。领队是事后才听说的,即使当时得知,也不能去找他,开导他。饶京翔确实有毅力,在紧接着的实验考试中竟取得了个人第 1 的好成绩。后来,他在北京大学物理系读完一年级就申请到全额奖学金,转学去加州理工学院物理系。假期回国探亲,他由父亲陪着来到我家,说话仍然那样腼腆,性格实在太内向了。他的父母和老师都希望他能与周围的人多接触,逐渐走向社会。

第四天考实验,因场地和仪器套数有限,分两大组进行。A组从上午7:00考到中午12:00,等到B组进场后方能返回住地。B组从下午1:30考到6:30,也是5个小时。考虑到语言障碍,监考教员与考生间难于完全沟通,实验考试成绩只能由实验报告评定。

考完实验,学生们完全解放了,彼此串门、聊天,甚至互相开起玩笑来。此时,小礼品交换频繁。我们的队员千方百计地和其他代表队队员交换硬币,有成功的,也有不太成功的,这对学生的"商业头脑"似乎也是一种考验。这几天,学生房间里的东西简直乱极了,与北京大学学生宿舍的现状不相上下。第一次随朱世嘉老师带队去波兰参赛,告别宴会后从赛地"撤退",行李都已搬上大轿车,队员燕京忽然发现护照不见了。他的队友兴高采烈地说他成了"黑人",朱老师和我都着急万分,最终好不容易在他房间的一个旮旯里找到了。从此,每次带学生出国,领队们在适当的时候总要买些好吃的东西去学生住地看望,名为关心,实为监督整顿内务。

第六、七天,除了游览、看节目外,东道主还常组织些联谊活动。有时各队学生在一起烧烤聚餐、唱歌跳舞,有时与当地中学生联欢,目的都在于增进学生之间的国际交往。

与学生相比,领队们要辛苦得多。开幕式后的当天下午,从2:00开始讨论理论试题。虽然每届赛事的日程表上都这样安排:6:30晚餐,7:30翻译理论试题,似乎都认定下午4个小时便可把3道理论题确定下来,事实上,每年讨论题目若能在晚上9:00结束,便要谢天谢地了。出于科学性,讨论非常细致,再三推敲、修改,才能定稿。但是各队的利害因素也在起作用,讨论变得"外交化"了,因此个别领队有时干脆潇洒地走出会议室吸烟去了。马拉松式的讨论结束后,领队们边喝咖啡、边吃甜点心,聊一会儿天后便开始翻译。由于技术上的原因,中国队的翻译工作常常延续到次日清晨才能结束。

第二天学生在考试,领队和观察员外出游览。

第三天下午和晚上讨论并翻译实验试题。

第四天白天游览，下午或晚上东道主将各队队员带有评分结果的理论答卷复印件发给各队领队。通常，领队要对扣分处仔细核查，如果有必要和可能，会连夜将本队队员召集起来，听听他们的陈述。

凡是对扣分有异议的，第五天排队与东道主的评分教员进行讨论，改或不改均应取得共识或认可，最后双方签字。

第五天下午或晚上，东道主将队员带评分结果的实验报告复印件发下。

第六天排队讨论实验评分结果。余下的时间举行国际会议，最重要的议题是确认本届竞赛所有选手得分结果和通过各类奖项名单。此外，还要讨论 IPhO 可能的章程修改以及其余有关事宜。随着最后一次国际会议的结束，本届 IPhO 国际委员会自动解散。

第七天上午举行隆重的闭幕式，其中最激动人心的自然是颁奖仪式。中午，东道主设宴招待全体参赛者、领队和观察员。至此，本届 IPhO 大赛圆满结束。

赛程总体上是有序的，部分偏差也在所难免。经常出现的问题是阅卷工作和评分讨论时间延长，使得后续的各项活动都不得不顺延进行。闭幕式遵照日程表在上午举行的是少数，一般均会推迟到下午，告别午宴也就升格为晚宴，无论按西方的还是按东方的传统，听起来都更高雅了些。

3. 快活的队员

走出国门，乘着硕大无比的飞机，在万米高空上飞行好长一段时间，到国外去参赛，这对孩子们来说，无论如何都是一桩快活的事情。有一次是例外，1994 年第 25 届 IPhO 在北京举行，有关方面对我们学生的参赛成绩有了更高的期望值，队员们不负众望，在个人排名顺序上取得了中国队迄今为止仍是最好的成绩。学生们对自己的成功当然感到高兴，但对于未能出国参赛仍是有些遗憾。1999 年暑假在北京遇到一位中学物理教师，她曾在上海华东师范大学二附中见到第 25 届 IPhO 个人第 1 金牌得主杨亮，杨亮当时恰好从耶鲁大学回国度假。那位教师问杨亮当年参赛印象最深的是什么事情,杨亮脱口而出的是:"没有能去外国参赛。"大物理学家费曼因为觉得好玩,才学了物理,我们的学生如果是因为想着坐飞机出国快活而参加物理竞赛,这也在情理之中。杨亮在美国读大学期间热衷于旅游,前些日子他随耶鲁大学代表队回北京参加中央电视台举办的大学生辩论赛时还告诉过我,有一次他甚至借道尼泊尔进入西藏游览了布达拉宫。杨亮已被哈佛大学物理系录取为研究生,我建议他今后利用假期去非洲看看,这样就能超越历届参赛队员了,因为IPhO从未在那块大陆上举行过。

学生越是兴高采烈,教员越是要仔细地看着他们。每次出国参赛,开始时无论走到哪儿,总是快性子的朱世嘉老师在前面领路,队员们跟着,我则守在队尾。看着前面的学生一边在聊着说不尽的话题,一边四处张望,我常会联想到大街上幼儿园老师带着一队孩子过马路的情景。排队走过几趟,学生们适应环境了,教员也就不再这么紧紧地看管他们了。

登上机舱,领队尽量将靠舷窗的座位让给学生,飞机升空时俯视着排排楼房倾斜地向下后退,自有一番情趣。在高空中透过双层玻璃,有时可以看到地面上细如丝带的公路、河川或者形似展览模型的丘陵和山脉,有时可以望见无边无际的云海,阳光下气势极为壮观。看累了,睡梦中悄悄地进入了陌生的国土。

队员们参赛前的培训生活是辛苦的,出国参赛却相当轻松,绝大多数队员没有什么思想负担和精神压力。教员日常强调的参赛行为准则——赛前努力准备,这是个人上进心的体现;结果则听其自然,这是科学的务实态度,这在参赛队员们身上确实起到了作用。到了赛地,学生很少谈论将要面临的理论和实验考试,他们的注意力几乎全被周围陌生的环境所吸引,这也是儿童心态的一种自然流露。在华沙大街上,学生们爱问路,因为波兰人尤其是老年波兰男子会格外热情地告诉你该怎么走。也许他们说得太详尽了,在听说英语水平双方都不怎么样的状况下,效果可想而知。学生喜欢波兰老人,他们从老人们纯朴而温和的神态中,似乎看到了地理位置给这个民族留下的痕迹。

1989年的波兰,经济上尚未走出困境。东道主对客人们的饮食尽管非常照顾，但领队们餐桌上的主食仍是我们当年在苏联影片中便已熟悉了的黑面包。学生却例外，一律供应白面包。这样的安排，非常得人心。主人的饯别宴请极为隆重，不仅菜肴丰盛，而且每道菜都由服务生送到客人盘中，这对刚开放不久的中国学生来说，实在有些不习惯。大菜后满满一杯的冰淇淋，让毛甬、燕京等吃得很开心。

在荷兰，周纲、吴明扬等最欣赏的是生牛肉片。古巴的芒果让夏磊等队员赞不绝口。1992年去芬兰参赛，陈涵等5名学生没有那么幸运，当时苏联解体不久，芬兰经济受到影响，饮食不太理想。考试前领队特意去商店买了些好吃的食品送到队员住地，学生们高兴极了。1993年在美国参赛，平时招待甚佳，没想到富有的东道主在最后的晚宴上分发给每位入席者的只有一拼盘食品。队员李林波走过来悄悄告诉我，他没有吃饱肚子，我还自信地宽慰他等着，一定还会有吃的送上来。但直到我们的学生和新加坡的学生上台合唱演完节目回来后，还是不见有食品端上来，最后连我也泄气了。第二天回到使馆，在饭厅里使劲地饱餐了一顿后，学生们也就把前一天晚上挨饿的事情忘掉了。

在国外，除了两场考试，余下的那么多时间学生们都用来结交朋友和游玩。

前几届队员交往更多的是新加坡、加拿大和澳大利亚的学生。这几支代表队中的华裔队员较多，有共同的语言，交谈起来也就更投机些。俄罗斯队员常常主动找我们的学生，他们十分关心考试答案和中国队员的成绩。我们的学生很喜欢英国队员，不知什么原因，几乎每一届英国代表队都会有1名队员对演小魔术特别在行。有一个英国男孩子曾经当着5名中国队员的面，让扣在玻璃杯底下铸有女皇陛下头像的硬币消失得无影无踪，我们的队员明知是假，可就是看不出丝毫的破绽。尽管英国领队绅士风度十足，但他们的队员却相当贪玩，打闹起来，在楼道上跑得比兔子还轻快，以致连我们的学生都怀疑，这些孩子长大后是否还能继承父辈的传统。苏里南的队员擅长跳舞，他们在正式宴会上认真地跳，在学生们的野炊聚会上更是兴高采烈地跳。他们跳的多是南美民间舞蹈，节奏快，动作幅度大，身体的各部位似乎都在摆动。在他们面前，我们队员中的舞蹈高手——倪征也只得甘拜下风。

1994年中国台北队开始参赛，两岸学生之间的友情明显地与众不同，吃饭、坐车、聚会、照相……总愿待在一起。台湾学生的发音听起来比香港凤凰台的许多演播员的发音更接近于普通话，有点像是广东、福建的孩子在说话。我们的队员对台湾学生的个别用词很感兴趣，例如他们口头语中的"管道"，其实并不是家庭天然气或者自来水的管道，它的词义与我们常说的"渠道"或者"途径"相同。聊天时这些孩子还爱说"对"，哪怕是你刚说的这件事他并不同意，也会先说声"对"，然后再阐述自己的不同见解。对此，於海涛认为："台湾队员所说的'对'不是'你说得对'的略语，而是'对，我知道你说了些什么'的略语。"交往时间长了，不仅我们的队员，连我自己也间接受到"传染"，在家里与孩子说话本该说不对的，也先说了声"对"，成了一名文明家长。

西方一些代表队的队员虽然考试考不过我们，但平时动手能力强。他们还很会玩花样，例如每个人取一张相同的纸来制作尖帽子，做成后立在地面上，比一比谁的帽子最高。这样好玩的事情，我们的学生一般很难想得出。毛蔚曾告诉过我，澳大利亚学生还特别能爬树。在澳大利亚参赛时，有一天，倪彬正在室外玩澳大利亚飞镖，结果飞镖夹在了树上。正当倪彬一筹莫展之际，一位热心的澳大利亚学生像猴一样极麻利地爬上树取下了飞镖。当倪彬向他致谢时，对方认出了是中国队员，便戏称要倪彬把考试分数匀给他一点才行。

朋友们聚在一起自然会询问起对方的学习情况，不少孩子对我们队员做过的题尤其感兴趣。每逢这种场合，我们的学生会表现得非常热情，连比划带画图，毫无保留地讲解起来。他们喜欢讲的一道题目是这样的：

在某竖直面上有一固定的光滑直角三角形细管轨道 ABC，光滑小球从顶点 A 处沿斜边轨道自静止出发自由滑到端点 C 处，所需时间恰好等于小球从顶点 A 处自静止出发自由地经两直角边轨道滑到端点 C 处所需的时间。这

里假设竖直轨道 AB 与水平轨道 BC 的交接处 B 有极小的圆弧,可确保小球无碰撞地拐弯,且拐弯时间可忽略不计。

在此直角三角形范围内,可构建一系列如图 24 中虚线所示的光滑轨道,每一轨道由若干竖直部分和水平部分交接而成,交接处有极小圆弧(作用同前),轨道均从 A 点出发到 C 点终止,且不越出该直角三角形边界。试求小球在各条轨道中,由静止出发自由地从 A 点滑到 C 点所需时间的上限与下限之比值。

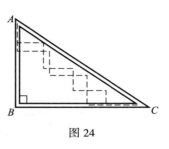

图 24

这道题没有一个已知量,从量纲的分析可以得知,所求解答与重力加速度 g 的大小也没关系,g 所起作用仅仅是定性地使小球沿 AB 方向的运动是匀加速运动,沿 BC 方向的运动是匀速运动。题目有难度,但解答过程中的运算极为简单,叙述如下:

首先从题设条件很易导得 AB,BC,AC 长度间有 3,4,5 的比例关系。

小球在图 24 的每一虚线所示轨道中,经各竖直线段所需时间之和 T_1 相同,经各水平线段所需时间之和 T_2 不尽相同。虚线轨道中从 A 到 C,时间最短者对应以最大的速度经过全部水平段,此即为 ABC 轨道对应的时间。这一时间同于经过 AC 斜轨道所需的时间 T_0,即有

$$T_{\min} = T_0$$

虚线轨道中从 A 到 C,时间最长者对应以尽可能小的速度分别经过各水平段,此即为图 25 所示的微齿形轨道。其中,每一微小直角三角形中,小球经两条直角边所需时间即为 $\Delta T_{\max}$,小球经斜边所需时间即为 ΔT_0。微小直角三角形中,小球各段运动均为匀速

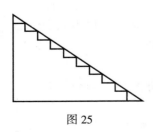

图 25

运动(据瞬时速度概念可知,变速运动在无限短时间内即为匀速运动),ΔT_{max} 与 ΔT_0 之比等于两直角边长之和与斜边长之比,即有

$$\Delta T_{max} : \Delta T_{min} = \Delta T_{max} : \Delta T_0 = (3+4) : 5 = 7 : 5$$

求和便得

$$T_{max} : T_{min} = 7 : 5$$

爱动脑筋的外国孩子对这种题目也非常喜欢。高兴之下,我们的队员尽可能把一些巧的题目介绍出来,有一道类似的题是这样的:

> 在光滑水平面上,三个刚性小球 A,B,C 依次成直线排列,B,C 间用一根足够长的轻弹簧连接。开始时,弹簧处于自由长度状态,B,C 均静止,A 以某初速度朝 B 运动,随即与 B 发生弹性碰撞。如果而后 A 与 B 之间发生了相遇但不相碰的事件,且已知 B,C 质量相同,求 A,B 间质量比,最后用计算器给出三位有效数字解。

(答案:4.60)

做这样的题目尽管很费脑子,但是很有趣味,外国的一些小书呆子也会沉浸其中。于是,在共同的情趣追求中,学生们之间的国际友情进一步加深了。

赛期中,队员们的旅游活动相当丰富,热情的东道主总是希望学生们能玩得尽兴。孩子们的精力确实旺盛。1992 年赛期,在芬兰坐着游轮在海面上兜了大半天,回到住地离就餐尚有一段时间,孩子们似乎觉得体内的能量还没有释放够,便在草地上玩耍起来。李翌双手撑地,身体倒立,让石长春使劲提着他的两只脚,面向镜头要陈涵给他照相。老实的罗卫东安分地藏在后面的台阶上,不让陈涵的照相机看见,结果只见了半个背影,张霖涛则调皮地在后面做着怪模样,摆出要上镜头的姿势。右后方台阶上站着一位不明身份的外国男子,他显然被这几个孩子的嬉闹吸引住了。这珍贵的瞬间已经记录下来,如今我把这张相片放在书桌的玻璃板下面,等着李翌未来的孩子来我家,一定要让他(她)看看这张相片(见彩图 11)。

偶尔也会遇到令队员扫兴的事情。在墨尔本,领事馆工作人员向我们介绍,当地的赌场虽然不如美国拉斯维加斯那么有名,但也

值得去观光一番。队员们尤其是其中的 4 名男队员当然非常想见识一下。于是,在一个大雨瓢泼的夜晚,官员们领路,我们坐着使馆小车出发了。赌场的建筑很气派,确实能吸引一些富翁掏出大把大把的钱寻求刺激。当我们兴致勃勃地走上台阶时,却被警卫拦住了,要看学生们的证件,因为按规定,年满 18 周岁的成年人方可允许入内。除了女队员毛蔚,4 名男队员都已年满 18 周岁,不幸的是来时匆匆,都忘了带护照。后经负责守卫的一名女管事通融,才允许我们只带毛蔚进赌场,也许是女性对女性的照顾,也许是她觉得毛蔚的穿戴和气质显得庄重些。当时我们曾闪念折回,但考虑到其他因素,在男队员们的坚持下,我们只好仅带着毛蔚进去看看。赌场内客人非常拥挤,赌具更是五花八门。跻身于其中,想起香港影片中周润发和刘德华扮演的赌圣、赌侠的豪爽,感到不消费一点似乎不太好意思,便换了 10 澳元的筹码,很快就被老虎机吞下去了。我们匆匆走过场,便与等在大厅里的男队员一起打道回府。一路上我向他们讲述着赌博害人的故事,但总觉得不那么自然。

有时候师生也会偷闲到街上走走,领略当地的风光。偶尔还会去商场考察一番,当然,几件小物品还是有能力采购的。古巴雪茄闻名世界,在哈瓦那商店,每个人都买了一些。学生买的雪茄是送给家长的礼物,他们的家长也许会像我一样,把这雪茄又作为礼物转送给亲朋好友。后者是否自己享用,这就难说了。20 世纪 90 年代初期,我们社会的一种交往方式大体如此。

在澳大利亚,使馆工作人员热情地带我们去了当地一个露天市场,其实上面盖有大屋顶,与我们城区的农贸大市场有些相似。澳洲的羊毛皮物美价廉,谢小林买了一张,说是他父亲体质弱,上海冬天湿冷难熬,把羊皮铺在床单下,一定会暖和许多的。我听了觉得有道理,也买了一张,可就是没能想一想,北京的冬天供暖,学校家属区的暖气还特别足,结果羊皮一直锁在箱子里喂虫子。女孩子一般较爱逛商场,但到了国外,不知怎么了,男孩子也爱在商场里到处转悠。不多久,他们的包里便塞满了各种当地小玩具,还一件一件拿出来让老师过目,期待着夸奖。他们反对我抽烟,却特意集体挑选了一只打火机送给我。被他们的热情所感染,我也捧回满满一盒自己读小学时爱玩的嵌花玻璃弹球,回到住地才发现包装盒底部印有"Made in China"字样。如今,在北京大学物理系上课,在用这些弹球给刚迈出中学门槛的学生演示弹性碰撞时,当初与IPhO代表队队员在一起的快活情景,不免又浮现在脑海中。

附　录

第25届IPhO中国队队员田涛的回忆

开幕式举行后的晚上——开始串门

起初,我们5个同学只打算把自己关在屋里看看电视。后来,我们听到走廊上开始出现嘈杂声,开门一看,原来各代表队的朋友们已经开始串门,在过道上攀谈。我们怯生生地在一旁观望,后来也不知不觉地加入了聊天。英语单词尽可能简单地组合,再连比带划,却也能彼此有所沟通。就在这里,我们第一次结识了伊朗朋友。大概是由于两国间的友好关系,他们对我们显得格外亲切,以后的几天里,总是主动靠近我们,一起合影。

第一次学会说"Good Luck"

在开往北京师范大学英东楼实验考场的大轿车上,我认识了坐在身旁的荷兰学生Diego Lont,他很友好,脸上总是挂着笑容。我问他到中国有何感受,他说:"都好,东西特别便宜。"到了考场,他对我说:"Good Luck."我先是一怔,跟着就学会了这句很有用的交际用语。

最关心考试的队员

此项"殊荣"当归俄罗斯队的伙伴们。考完理论的那天晚上,我们几个正十分投入地在屋里看一部傻乎乎的武打片。突然有人敲门,打开一看,见到几张怯生生的面孔,在前面的一个比较大方,他用极娴熟的英语向我们自我介绍,原来他们是俄罗斯朋友,来打听考试情况的。他们先问我们知道了考试答案吗,我们说不知道。他们又问我们哪道题应该怎么做,我们因为没有思想准备,有些支支吾吾。最后他们惊异地说:"难道你们领队考完后没给你们分析考题?难道你们一点也不关心自己的成绩?"

澳大利亚飞镖

考试全部结束后,大家都彻底放松了,随即礼品交换大战拉开了帷幕。我们用邮票换了台湾朋友的笔和放大镜,用扇子换了塞浦路斯姑娘的猫头鹰工艺品……当导游的师兄石长春突然风风火火地来报讯,要我们快去澳大利亚朋友的房间,他们有"回旋镖"。澳大利亚的几位选手都是1.9米以上的大个子,我猜他们一定很会打篮球。其中有一位朋友还曾经学过中文,他会说:"刮风了。"

烛光晚会

晚上,我们信步来到一个房间,这里有几位导游正和外国朋友举行烛光晚会。屋里的灯都灭了,桌上点着几支蜡烛,摇曳的烛光中一群皮肤稍黑、头发微卷、脸形轮廓颇像亚洲人的南美伙伴在纵情歌舞,原来这是我们的苏里南朋友。开始时我们站在一旁观看着,后来经不住他们的热情邀请,便也跟着他们胡乱动作起来,反正主人不笑话我们笨,朋友们聚在一起玩得高兴就是了。

保加利亚朋友

短暂的一周就要过去了。最后那天晚上,我与喜欢做题的保加利亚朋友 Ivan Daykov 叙别。他说这是他第二次参加 IPhO,并且是和他妹妹一起来参赛的。他谈到由于东欧的巨变,他们的学习环境变化了,连教室也被拆作他用。我只能安慰他,慢慢会好起来的。我记得他曾经提起过中国的雨披样式好,而且能遮自行车,便问他买了没有。他说这几天光顾着玩,把这件事给忘了。于是我就把我的雨披送给了他,虽然是用过的,却更注入了中国朋友对他的祝福。

第 26 届 IPhO 中国队队员蒋志的回忆

1995 年 IPhO 在澳大利亚举行,南半球时值冬季。我们 5 个人都很轻松,大概是以往成绩好的缘故,充分自信。况且我的要求也不高,不一定非要拿金牌,只要有收获即可,因此一路旅程都很开心。先是到悉尼,住在海边,我们游览了悉尼歌剧院、华人街等。随后赴堪培拉参赛,期间参观了国会大厦、国家森林公园、大牧场。结束后到达墨尔本,雨夜中去赌场大厅聊过小瘾,便踏上归程。

乘飞机和小汽车让我们几个男生狼狈不堪。飞机遇气流的滋味真是生不如死;使馆高级面包车频繁加速、减速的过程让你紧闭双目,咬住嘴唇,更是罪过。偏偏毛蔚泰然自若,让我们自叹弗如,可谓:"巾帼不让须眉。"飞机上睡眠质量不高,到旅馆后我一觉睡得天昏地暗。舒老师敲门见没有响动,担心我出了什么事,最后请来服务小姐开了门。

澳洲城市很清洁。街头卖艺人可谓一景,有土著人在吹奏竹筒,也有小伙子在演奏萨克斯管。人与自然和谐相处,各种小鸟在人行道上悠然自得地踱来踱去,行人常会绕过它们走自己的路。澳大利亚人口稀少,但人人自觉地遵守交通规则,经常四周没有一辆车,行人也在路口等着,直到信号灯变了才过马路。

开幕式上我们见到了澳大利亚飞镖,的确很奇特。大会发给每人一个留作纪念。我在玩时不慎将飞镖落在了一位外国学生的身上,幸好我还会说:"Sorry." 开幕式后东道主表演了一些有趣的物理实验,有一个是验证斯特藩–玻尔兹曼辐射定律 $J=\sigma T^4$ 的,还有一个是验证万有引力定律 $F=GMm/r^2$ 的。测出的 σ 和 G 都有让人惊讶的精度,特

别是 G 的测量,方法仍是用扭秤,通过光反射来放大扭转效果。我觉得在当时的环境下,周围其他物体的万有引力对其影响很大,因此我对实验结果的可信度有所怀疑。

考试期间老师很辛苦,开会、讨论、翻译、核查,而我们则轻松得多。我们参加了一次舞会,只可惜天赋不够。我们还参观了一个科学馆,见到不少有趣的事物,回来时由于路不熟,差点误了颁奖仪式,让老师操心不尽,但丝毫没有受到责备。尽管我们的英语水平有限,但这对我们与外国学生的交往妨碍不大,更何况交换礼品和聚在一起留个影并不需要太多的语言。外国队员对我们的语言和文字也很感兴趣,常要我们教他们说"你好"、"谢谢"。据朱世嘉老师说,有的外国领队也喜欢说几句汉语。有一次,一位外国领队翻译完试题后得意地对朱老师说:"我们完了,我们完了!"台湾领队在一旁听了也忍不住大笑起来,于是和朱老师一起向他解释,汉语中"我们翻译完了"不能省略地说成"我们完了",后面这句话中"完了"的意思是"完蛋了"。

参赛期间一日三餐都很丰富,可惜我们不太适应西餐。餐桌上水果很多,葡萄特别甜,甜得让人想到可以用它来直接榨糖。去大使馆赴宴是我们至今还津津乐道的一个话题。面对久违了的中菜,大家一致认为它的味道实在是好得不能再好了。其实现在想来,它未必有我们家乡四川的川菜可口。大使很有风度,说起话来非常平易近人,除了贺词,他在宴席上谈的多是澳大利亚的风土人情,我们也就毫不拘束地问这问那起来。最后他勉励我们,还嘱咐我们要牢记师长的教诲,给我们留下了极为深刻的印象。晚宴后,在使馆照了许多相,还将厨师长请出来一起合影留念。几年过去了,这仍然是我们参加 IPhO 的一个美好的回忆。

第 27 届 IPhO 中国队队员陈汇钢的回忆

去挪威参赛,最为放松的当数倪征。报到后,进入住地不一会儿,他就在底楼发现了他最喜欢玩的一样东西——桌球。他跑上楼来告诉我们,进入北京大学附中试验班至今,他一直没有机会玩桌球,现在要我们务必陪他玩几局。进入桌球房,室内空无一人,我们一哄而上。倪征果然是高手,好几局都是他"负责"把球一个一个地送进洞里。刘雨润好胜心强,但也无可奈何。徐开闻、张蕊还有我很快退出,想起我们的师兄,第 23 届 IPhO 代表队队员张霖涛曾编过打桌球的力学题,不知他的球打得怎么样。从那以后,倪征成了桌球房的常客,桌球房也成了队员宿舍楼里最热闹的场所,经常人满为患,"球迷"云集,倪征因此认识了许多球友。我记得实验考试前的那天晚上,他还一直在那里打球。到后来颁奖时,众球友发现倪征竟然上台领取到了金牌,个个流露出惊讶的表情。颁奖仪式刚结束,他们便急不可待地过来向倪征祝贺。

　　颁奖仪式前后,也有几件有趣的事。颁奖前我们在游船上欣赏奥斯陆海湾秀丽的景色,张蕊认真地数着水面下的小水母究竟有几个,大家都很轻松,刘雨润却是例外。有一位据舒老师说长得像我们一位师兄徐珉(1990 年集训队学生,后曾任北京大学山鹰社社长兼登山队队长,现在美国读研究生)的年轻以色列物理教员,他肯定已从内部得知刘雨润将获个人第 1 金牌,便在船上紧盯着刘雨润要考考他。可怜的刘雨润几次想溜都没有成功,只得靠着栏杆接受"加试"。那位教员共出了 3 道题,都颇具难度,刘雨润作为我们队的领头雁,自然都做出来了,但肯定累得够呛。那位教员连连点头,刘雨润却掏出纸巾使劲擦起眼镜片来。中国队获 5 枚金牌,颁奖后的告别晚宴上,许多代表队都要和我们合影。刘雨润最辛苦,总有外国队员围着他问各种各样的题目,每当这个时候,那位以色列教员又会出现在刘雨润身旁,刘雨润则不时地抬头冲他傻笑。舒老师表扬过刘雨润,说他的笑是最可爱的。今天他得到的一件特殊奖品竟是一顶海盗头盔,这下可是天下大乱了。

泰国的记者请他戴上海盗头盔刚照完相，朋友们便争着借去一个个摄影留念，刘雨润反而很高兴，望着周围吵闹不停的外国孩子仍然咧开嘴不停地笑着。一位阿根廷同学将头盔还回来时，竟向刘雨润行了磕拜礼，还用中国话赞美了张蕊一句："你真漂亮。"

用餐时，我们与冰岛同学坐在一起，他们主动提出交换各自国家的硬币，并取出四五枚冰岛币给我们看。我们拿出早已准备好的硬币，约有 20 多枚，由我向冰岛同学介绍起我们国家硬币的种类来。我们还慷慨地告诉他们，这些硬币可以全拿去。冰岛同学显然为我们的大方所感动，与他们的老师商量之后，又拿出 10 多枚冰岛币成交。冰岛币国内少见，这次真可谓丰收。

我们与台湾同学交往最深，除了考试，做什么事都喜欢在一起。台湾同学很幽默，兴趣也广泛，有的还弹得一手好钢琴，但扑克牌打得不怎么样，双方都会的打法（诸如"21 点"、"吹牛"）也大多他们输。台湾学生喜欢学医、学工的多，我们称他们是现实主义者；我们喜欢学理的多，他们称我们是理想主义者。短短 7 天相处，我们成了好朋友，告别时恋恋不舍，但愿不久我们又能重逢。

4. 忙碌的领队

国际竞赛中，领队们要做的事情很多，其中最主要的当然是围绕两场考试的一系列工作。

理论考试和实验考试是 IPhO 竞赛的中心内容。为编制好这两套赛题，东道主的教员们已经辛苦了很长时间，领队们则在开幕式后的下午，便开始投入到赛题的讨论和翻译工作中。

有些理论赛题不仅领队们认为编得好，而且中国队队员在考后的交谈中也极为赞赏。好的赛题，涉及经典内容的、近代内容的和紧跟科研内容的都有。

第 20 届 IPhO 的理论考题中，有一道经典热学题，讨论时得到了领队们的一致好评。题文如下：

液体 A,B 互不相溶，它们的饱和蒸气压 p 与温度 T（绝对温度）的关系为

$$\ln \frac{p_i}{p_0} = \frac{a_i}{T} + b_i \quad (i = A \text{ 或 } B)$$

其中 $p_0 = 1.01325 \times 10^5 \text{Pa}$，$a,b$ 为液体本身性质所确定的常量。已测得两个温度点的 p_i/p_0 值如下

40℃ $p_A/p_0 = 0.284$ $p_B/p_0 = 0.07278$

90℃ $p_A/p_0 = 1.476$ $p_B/p_0 = 0.6918$

（1）在外部压强为 p_0 时，确定 A,B 的沸点。

（2）现将 100g 的液体 A 和 100g 的液体 B 注入一个容器内，并在 A 的表面上覆盖一薄层非挥发性液体 C，C 与 A,B 互不相溶，C 的作用是防止 A 的自由蒸发。如图 26 所示，各液层高度不大，液体内因重力而形成的附加压强均可忽略。A,B 的摩尔质量比为 $y = M_A/M_B = 8$。

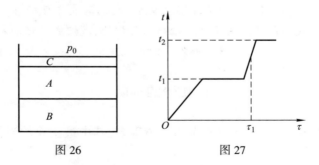

图 26   图 27

今对容器缓慢、持续地加热，液体温度 t(℃) 随时间 τ 的变化关系如图 27 所示。请确定图中温度 t_1 和 t_2（精确到 1℃）以及在 τ_1 时刻液体 A 和液体 B 的质量（精确到 0.1g）。

假设：A,B 的蒸气均能处理为理想气体，因此也服从道尔顿分压定律。

本题是 IPhO 秘书长 W. Gorzkowski 为其做东的祖国波兰的组委会编制的 3 道理论赛题中的一道热学题。此题具有明显的学院风格,与我国传统的教学模式最为接近。Gorzkowski 所编赛题结构严谨,几乎无可挑剔,这在 IPhO 竞赛中可谓罕见。本题设计思想新颖,原意决非考查学生知识面,而是考查学生在摆脱"想当然"思维习惯方面的能力。两种不相溶液体 A,B 注入一个容器内,缓慢加热,如果 A 的沸点 t_A 低于 B 的沸点 t_B,那么加热到多高的温度 t_1 时容器内的液体开始沸腾呢?善于计谋的 Gorzkowski 并没有直接提出此问,但又故意让学生非常容易猜出这一提问,于是大多数参赛选手都非常干脆(也一定非常痛快)地回答: $t_1 = t_A$,这便中了 Gorzkowski 的"计"。事实是,由于 A,B 交界面处形成的气泡,因内压强等于 A,B 各自饱和蒸气压之和而将于 $t_1 < t_A$ 时便开始沸腾。高兴的是我们有一名队员悟到了这一关键点,显然他没有"想当然"地去处理这道赛题。本题在对学生计算能力方面的要求具有欧美特色,学生需会灵活地用计算器逼近超越方程的数值解,这值得我们中学教学借鉴。

涉及近代物理的好题更多,第 22 届 IPhO 古巴理论题 3——激光致冷原子、第 24 届 IPhO 美国理论题 2——激光对透明棱镜的作用力、第 25 届 IPhO 中国理论题 1——相对论性粒子、第 26 届 IPhO 澳大利亚理论题 1——引力红移和恒星质量的测定等等,均属此类好题。其中澳大利亚的赛题较为典型,内容如下:

引力红移和恒星质量的测定

(a) 频率为 f 的一个光子具有惯性质量 m,此质量由光子的能量确定。在此假定光子也有引力质量,量值等于惯性质量。与此相应,从一颗星球表面向外发射出的光子,逃离星球引力场时便会损失能量。试证:初始频率为 f 的光子从星球表面到达无穷远处,若将它的频移(频率增加量)记为 Δf,则当 $\Delta f \ll f$ 时,有

$$\Delta f/f \approx -GM/Rc^2$$

式中 G 为引力常量,R 为星球半径,c 为真空中的光速,M 为星球质量。

这样,在距星球足够远处对某条已知谱线频率红移的测量,可以用来测出比值 M/R,如果知道了 R,星球的质量 M 便可确定。

(b) 在一项太空实验中发射出一艘无人驾驶的宇宙飞船,欲测量银河系中某颗恒星的半径 R 和质量 M。宇宙飞船径向接近目标时,可以利用监测到的从星球表面 He^+ 离子发射出的光子对飞船实验舱内的 He^+ 离子束进行共振激发。共振吸收的条件是飞船 He^+ 离子朝着星球的速度必须与光子引力红移严格地相适应。共振吸收时的飞船 He^+ 离子相对星球的速度 v(记为 $v=\beta c$),可根据飞船到星球表面距离 d 的变化进行测量,实验数据在下面表格中给出。请充分利用这些数据,作图求出星球半径 R 和质量 M,解答中不必进行误差估算。

共振条件数据表

速度性参量 $\beta(=v/c)/10^{-5}$	3.352	3.279	3.195	3.077	2.955
到星球表面距离 $d/10^8 m$	38.90	19.98	13.32	8.99	6.67

(c) 为在本实验中确定 R 和 M,通常需要考虑因发射光子时离子的反冲造成的频率修正。(热运动对发射谱线仅起加宽作用,不会使峰的分布移位,因此可以假定热运动的全部影响均已被审查过了)

① 令 ΔE 为原子(或者说离子)在静止时的两个能级差,假定静止原子在能级跃迁后产生一个光子并形成一个反冲原子。考虑相对论效应,试用能级差 ΔE 和初始原子静止质量 m_0 来表示发射光子的能量 hf。

② 现在,对 He^+ 离子的这种相对论频移比值 $(\Delta f/f)_{反冲}$ 作出数值计算。

计算结果应当得出这样的结论,即反冲频移远小于(b)问中所得的引力红移。

计算用常量:

真空中的光速　　$c = 3.0 \times 10^8 \text{m/s}$

He 的静能量　　$m_0 c^2 = 4 \times 938 \text{MeV}$

玻尔能级　　　　$E_n = -\dfrac{13.6 Z^2}{n^2} \text{eV}$

引力常量　　　　$G = 6.7 \times 10^{-11} \text{N} \cdot \text{m}^2/\text{kg}^2$

将当代科学研究前沿内容改编为考题,这是 IPhO 的一大特征。1991 年 5 月亚特兰蒂斯号航天飞机预定升空,此前 1990 年在荷兰举行的第 21 届 IPhO 赛事中,东道主便据此编制了一道理论试题如下:

地球磁层中的电学实验

1991 年 5 月,亚特兰蒂斯号航天飞机将进入环绕地球的轨道,设轨道是圆形的并处在地球的赤道面上。

在某一预定时刻,航天飞机将放出卫星 S,它们之间用一长为 L 的导体棒相连。设棒为刚性,其质量可略,并用电绝缘层包裹。

略去所有摩擦。

设 α 为长棒与亚特兰蒂斯号 A 到地心连线的夹角,如图 28 所示。

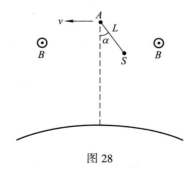

图 28

卫星 S 也处于地球赤道面内,设卫星质量远小于亚特兰蒂斯号的质量,且 L 远小于轨道半径。

(a_1) 导出能使航天飞机、卫星系统相对于地球的位形保持不变的各个 α 值。或者说,α 取哪些值时系统位形可以保持不变?

(a_2) 讨论每一种情况的平衡稳定性。

假定在某一时刻,棒从稳定平衡位置偏离一个小角度,该系统就会像钟摆那样开始摆动。

(b) 试用系统绕地球的旋转周期来表述它的摆动周期。

图 28 中,地球磁场垂直于图面朝外。由于棒的轨道速度,它的两个端点之间便产生电动势。棒的周围为一稀薄的、具有高电导率的电离气体。系统通过电极 A(亚特兰蒂斯号)和 S(卫星)与电离气体接通,运动的结果是有一电流 I 流过此棒。

(c_1) 电流沿何方向流过棒 L(取 $\alpha=0$)?

数据:

系统轨道速度 $\qquad v = 7.0 \times 10^3 \mathrm{m \cdot s^{-1}}$

棒长 $\qquad L = 2.0 \times 10^4 \mathrm{m}$

卫星所在高度地球磁场的磁感应强度

$$B = 5.0 \times 10^{-5} \mathrm{Wb \cdot m^{-2}}$$

亚特兰蒂斯号航天飞机质量

$$m_A = 1.0 \times 10^5 \mathrm{kg}$$

现在假定卫星中有一电源,它接在回路中,并使棒中保持着 0.1A 的反向净电流。

(c_2) 此电流应持续多长时间方能使轨道高度改变 10m?在此假定 α 一直为零,且略去磁层中电流的贡献。再问高度是减小还是增大?

实验考试中用到的仪器装置都较简单,例如澳大利亚实验题 2,便是利用有刻线的抛光钢 R 作为反射光栅来研究激光束的衍射现象。除了考查常规的实验操作能力之外,竞赛的实验试题更注重实验方案的设计思想和理论分析。电学中黑匣子实验较能考查学生这方面的能力，第 22 届 IPhO 古巴实验考试和第 25 届 IPhO 中国实验考试中都有黑匣子题目。但黑匣子题目也有弊端，如果涉及元件稍多，学生要考虑的各种可能性便会很多，不仅时间上不允许，而且也会显得相当烦琐。古巴实验考试只做一道题目，是关于电学黑匣子的。东道主把题目拿出来后，领队们嫌内含的情况太多，便将内容一减再减，仓促之下很难保证题目的质量。如果涉及的元件很少，学生们一猜就能猜出来，也就没有多大意思了。电学实验中较倾向于磁场的测试，磁场的作用力本来就很弱，实验中还常要求学生测小磁铁的弱磁场，这就更具有难度了。受场地和仪器设备的限制，近代物理的内容很难改造成实验试题。

IPhO 国际委员会会议中，领队们讨论理论试题时，如果某道题经表决不被采用，东道主就会公布备用题。这样的事情曾发生过一次，那是在 1995 年第 26 届 IPhO 赛事中。当时东道主澳大利亚提供的理论题"激光与平面镜"是一道纯相对论题，而且有一定难度。我们觉得中国队队员做这道题目不会有什么困难，因为在培训时曾给学生留过一道关于平面波在运动界面上反射规律的思考题。英国、俄罗斯和其他一些欧洲国家领队也表示愿意接受这道试题，但多数领队都反对，表决后被淘汰出局。东道主只得拿出备用题，讨论的是海洋中圆柱体浮标在其平衡位置附近的小振动。浮标在竖直方向上的振动较为简单，属于送分内容。浮标在竖直平面上的左右小摆动为本题难点，考虑到学生不能严格求解，编题者作了简化假设，但这一假设违反了质心运动定理。按章程又不允许把已被否决的题重新取回，不得已之下，领队们只好在题文述及的浮标小摆动内容中添加了"作为一种近似……"这样的语句，暗示选手们做题时不必严格地追究质心运动。

1995 年第 26 届 IPhO 理论题"激光与平面镜"因被否决而具有"独特"的意味，作为一份资料，不妨译录如下。

激光和平面镜

（a）在某惯性系中，频率为 f_i、速度为 c 的激光束射向一块平面镜，入射角为 θ_i，平面镜沿着垂直于镜面的方向以

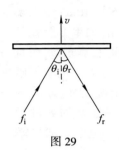

图 29

速度 v 退行，如图 29 所示。假定在随着平面镜一起运动的参照系中，激光束的光子与镜面间发生弹性碰撞，试在原惯性系中以 θ_i 和 v/c 为已给参量，导出反射角 θ_r 和反射光的频率 f_r。

（将粒子的能量记为 E，动量记为 $\vec{p}$，那么对应的洛伦兹变换为

$$p''_\perp = p_\perp,\quad p'_\parallel = \frac{p_\parallel - v_E/c^2}{\sqrt{1-v^2/c^2}}$$

$$E' = \frac{E - vp_\parallel}{\sqrt{1-v^2/c^2}}$$

式中 $\vec{v}$ 为两个惯性系之间的相对速度，$p_\perp$ 为粒子动量 $\vec{p}$ 在垂直于 $\vec{v}$ 方向的分量，$p_\parallel$ 为 $\vec{p}$ 在平行于 $\vec{v}$ 方向的分量）

（b）一块轻质长方形薄平面镜，两面完全反光，长为 $2a$，质量为 m，平面镜在真空室内（为了免受空气阻力）对称地架在两个光滑精细轴承上，使其可以绕着竖直轴无摩擦地转动。功率为 P 的细激光束水平地射向平面镜，当两者垂直时，镜面上入射点到转动轴的距离为 b（$b<a$），如图 30 所示。

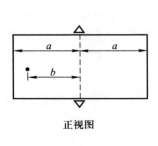

正视图

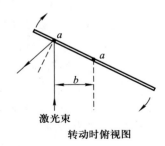

激光束

转动时俯视图

图 30

设平面镜开始时处于静止状态，激光的冲量使平面镜缓慢地加速转动。为了对此作近似讨论，可假设分段加

速。即在每次旋转一周中平面镜的角速度 ω 为常量，相邻两周间角速度有微小增量，这一增量来源于一周旋转过程中激光束提供的角动量。平面镜边缘转速与光速 c 相比是一个小量，略去二级小量，试求平面镜在以角速度 ω 旋转的一周中角动量的增量。（提示：计算中可以利用积分公式 $\int \sec^2\theta \mathrm{d}\theta = \tan\theta$ ）

（c）利用平面镜各部位旋转速度始终远小于光速 c 这一条件，导出转动角速度 ω 随时间 t 变化的近似表达式。

（d）取 $a = \sqrt{2}\,b$，平面镜旋转过程中当激光束射在镜面边缘部位时，反射光与入射光之间的夹角会稍稍大于 $90°$。在距平面镜 10km 远处放置一个竖直屏幕，它的法线恰好与入射光束垂直，屏幕可以接收到平面镜边缘部位反射的光束。平面镜静止时的反射光束如图 31 中虚线所示，试求平面镜经 24 小时加速旋转后屏幕上反射光照射点相距原照射点的最大线偏移量。在此假定激光功率 $P = 100\mathrm{W}$，平面镜质量 $m = 1\mathrm{g}$，不考虑边缘部位衍射影响。

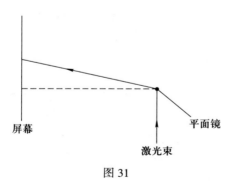

图 31

试题通过后，东道主提供经修改的题文，各代表队领队自己选定一种文本进行翻译、整理。多数代表队因语言的缘故，领队做的是翻译工作，少数代表队例如英国队等无需做此项工作，但也可以对题文进行适当的整理,使得文字表述尽量符合本地学生习惯。无论翻译还是整理,领队们都自觉地遵循一个原则,即不可借此给学生作提示。翻译、整理后的题目都要交东道主组委会,由他们在第二天的考场上发给参赛队员。这也间接地起了一种警戒作用,可以设想,如果哪一支代表队成绩反常,组委会关起门来即可查证。

中国队在翻译时,为遵守上述原则,要求译文在含义上必须忠实原文,但行文上尽可能符合汉语习惯,读起来通俗易懂。有时为了让学生一看就明白,宁可在叙述中出现少量的重复,回国后在一些期刊上刊登题目译文时,这些重复性的叙述便都不见了。翻译中尤其要注意的是不出差错,为此要反复检查。最后一次是在试题全部译文交组委会前对照原文再仔细核对一遍,这样做并非谨小慎微,而是对自己的学生负责。事实上,偶尔还会有极个别的疏漏被发现。

许多代表队自己带着软件,在东道主专设的机房中用电脑进行翻译。后来,有的领队干脆随身带着笔记本电脑,既方便又省时。截至第 27 届 IPhO,由于技术上和个人方面的原因,中国领队们一直采用手写方式完成翻译工作。可以自我解嘲的是,韩国、越南和阿拉伯的领队们与我们一样,习惯于这种原始的工作方式。

每届赛事中,翻译试题我们几乎都是最后离开工作室的,往往都已经是半夜,甚至是次日清晨六七点钟。东道主工作人员不仅耐心地等待,还常来看我们写中文,称赞汉字有美感。在这种情况下,除了说一声"Thank you"之外,确实找不出更合适的言词来表达我们的心情。第 21 届 IPhO 东道主在半年后出版的一本赛事集中,将理论题 1 的 24 种译文标题全部印出,有 5 种是手写体。当一行汉字手写体"第 1 题 晶体的 X 射线衍射"在别的语种文字的衬托下映入眼帘时,确有笔画组合表现出的整体美扑面而来。

回想起来,讨论试题是一件烦人的事情,翻译题目是一件累人的事情,最后讨论得分却是一件热闹的事情。考完试,东道主抓紧时间阅卷后即将有评分结果的试卷复印件送交各代表队领队,领队依据评分标准一份一份校对。就中国队队员的试卷而言,我们多次带队参赛,不曾有过本该扣分的却给了分的意外"收获",领队的主要工作是核查扣分是否合适。有些题目学生给出的解答与东道主提供的参考解答不同,为慎重起见,教员常会将学生找来仔细了解他们的解题思路。每届赛事中,我们总会对个别扣分处持有异议,这是很自然的。一则是语种文字不同会造成理解上的偏差,二则是阅卷中教员的主观因素不尽相同。据我们的理解,赛事中安排领队与阅卷教员之间进行讨论主要是基于第一方面的考虑,为领队提供解释的机会。既然有了这样的安排,利用这一机会交换一下双方对学生解答的主观看法也就在所难免了。如果领队们都能客观地看待阅卷中主观因素所起的作用,考虑到东道主对评分工作必定会持有的集体认真态度,讨论肯定是平静而又迅速的。然而领队也是一个个具体的人,人是感性与理性的复合体,于是讨论分数便成了一桩热闹的事情。

讨论分数时,评分组教员按题目"摆摊",分别接待。开始几届参赛代表队不是太多,领队们自选时间去与主人讨论。后来代表队越来越多,在"摊位"旁排起了长队,不甚雅观。于是组委会事先排好顺序表,领队们可各自在指定的时间段前去讨论分数。

在讨论分数这段时间内,中国领队常常成为"众矢之的"。领队们关心我们学生的得分情况是因为选手个人评奖是以 3 个最高得分的平均值为基准的,而中国队队员得高分的居多,尤其在第 23～27 届 IPhO 中,中国队连续 5 次获个人第 1 金牌。个别领队甚至会来找我们交换对"国际形势"的看法,期望着讨论分数后中国队员中的高分段尽可能少涨一些。这是合乎情理的,参赛者终究都是些未成年人,公平竞争是一个方面,顾及中学生正常的荣誉感也是一个重要的方面。作为教员,我们认为学科竞赛不同于社会选拔考试,后者应尽可能客观准确地给分,而前者在低分数段上可以适当放宽评分标准,在不影响总体排名和奖项百分比的前提下,应该充分发挥学科竞赛对青少年学生和领队教员的鼓励作用。

讨论分数也有学问,前几届有一支代表队的领队对此颇为精通。在不排序时,中国领队前去讨论分数,他们会在走廊上"恰巧"与之相遇,在他们的关心下,中国领队毫不迟疑地从口袋里掏出队员得分记录任其过目。中国领队走出讨论分数的房间,又会在走廊上接受他们的"第二次握手",几句话,便向他们通报了中国队的加分结果。随即,他们不动声色地找评分教员"算账"去了。讨论分数时他们尤其有耐心,似乎开长会习惯了,一点儿也不着急。记得在波兰参赛时,W. Gorzkowski 为评分组首席代表,时间长得熬人,这位体弱的 IPhO 秘书长终于坚持不住,同意加分,让对方满意而去。看来,谈判桌上依然是贵在坚持。

在给中国队员的试卷评分时,专门有 1 名翻译坐在一旁为阅卷教员口述卷中的汉语内容,此项工作常由中国队导游兼任。由于阅卷时间紧,学生字迹不够端正及其他诸多原因,出现个别差错在所难免。讨论分数时一经我们解释,对方便痛快地说声:"All right."改分签字后,握手言别。有一次是例外,那是发生在第 22 届 IPhO 赛事中的事。理论考试第 3 题"激光致冷原子"中要求学生计算原子速度改变量 Δv,Δv 多指 v 的上、下间隔量。但若理解为在某基准值 v_0 的上、下偏移量,也不算错,取等间隔偏移,后者便为前者的二分之一。一般考题中这种理解上的不唯一性很难绝对避免,所以大规模考试(例如我国高考)中编题者需要花费相当多的精力对题目文字反复斟酌。培训时我们与学生谈过此类本不属于物理学科的问题,领队们在讨论题目时未必能考虑得那么周全,翻译时即使发现了也不允许自己在译文中作补充性说明,学生遇到这种情况要灵活处理。任宇翔做题很细心,他在解答的文字叙述中详细说明了对 Δv 可有上述两种不同的解释。第一种解答在行文中以连行的形式给出;第二种解答以断行的形式给出。阅卷时,东道主教员参照第二种解答,扣了 3 分。在讨论分数时我们作了解释,对方却说评分只能以断行形式为依据,我们表示不能同意。他们作了进一步解释,原来阅卷中,在文字翻译方面遇到了困难,便临时决定评分只看断行式子,不看行文。对此我们可以理解,但是我们认为现在这种面对面的讨论本身就是专为纠正阅卷时可能发生的此类差错而安排的。我们的陈述不仅合理而且合法,评分教员们经过合议,很快同意改分。

领队们工作、生活在一起,时间长了,相互间也建立起了友谊。

报到后的第二天早晨,在饭厅里用自助餐,彼此见面正式地问候一声:"Good morning."讲究的是礼节。过了两天,熟悉起来,用一个单词"Morning"便缩短了距离。如果把后面这个单词仿照前面那句话对应地译成"早上",那就滑稽了,还是意译为国人口中的"早啊"为好。

每届赛事最后一次国际委员会会议是最轻松的。3个最高得分者早就打听清楚,每位领队对自己队员得奖情况已经心中有数,因此尽管会议的中心议题是通过本届赛事的获奖名单,大家的心情却相当平静。多数领队利用这个机会互送礼品,场面十分有趣。礼品一般都是放在一个大书包内,一件一件掏出来挨个儿分发。有的代表队所带礼品很重,用一个大旅行袋装着,在一排排座位间挤来挤去。塞浦路斯的泥塑工艺品古朴厚实,很有分量,胖胖的领队虽然额头上渗出汗珠,满脸的笑容却显得十分快活。朱世嘉老师和我是老搭档,朱老师顺着座位次序领路,我则提着大包礼品一边笨拙地往外掏东西,一边熟练地背诵着:"There is something for you, we hope you like it."对方若为女士,多半会惊讶地拖着长音:"It's wonderful."表示感谢。如果座位的主人不在(肯定是在另一个角落忙着同样的事情),便只留下两份礼品,趁机把可能有的观察员那一份给省下了。这不是我们小气,多数领队都是这么做的。原因是长途旅行,所带物品有限。个别代表随行礼品极为充足,为减轻保管负担,报到下榻后便开始"发放"。有时从餐厅出来,会遇见一位大高个领队守着整箱T恤拦住你,非要你领走一件不可。洋人的衣服一律都是特大号的,不必挑,双手接着,道过谢,带回来送给东北学生就是。

互相赠送些小礼物留作纪念,本是人之常情,只是参赛代表队多了,便成了负担。后来在国际会议上,领队们约定从第26届IPhO开始取消了此项礼仪。

领队间多年交往,互相都很熟悉。韩国领队能说几句汉语,经常与我们坐在一起交谈各自国内的竞赛情况。他们不仅将我们编的书要了去,还"鼓动"新加坡领队等向我们要书。台湾领队与我们的接触更多,我们的两本书也都在台湾出版过。英国的Isenberg先生为人友善,在我们向他表示了对英国赛题感兴趣后,第二年即将几套赛题带来送给我们,后经翻译介绍给了中国学生。

苏联解体后,新上任的俄国领队很快与我们相识。1994年北京赛事刚结束,这两位领队即迁居皇苑大酒店与他们的队员住在一起。一天晚上,他们邀请朱老师和我前去做客,谈了一阵便提议彼此建立联系,每年交换各自国内赛题的英译本。我们表示认可,但要求试题交流仅限于双方现任领队个人参考,不涉及刊登出版事宜。大家同意后,俄国领队高兴地要打开酒瓶庆贺,担心是高度白酒,朱老师和我赶紧站起来表示感谢并说明不会喝酒。幸好他们没有坚持,我们用矿泉水代替,相互致意,吃了两块京郊西瓜便告辞返回。

1995年和1996年,我们这两国的领队又给自己增加了一项为对方翻译赛题的工作。

5. 隆重的颁奖仪式

颁奖仪式是 IPhO 整个赛事活动的高潮。获奖名单确定后,全体参赛队员、领队、观察员和东道主组委会成员以及特邀来宾和新闻记者们欢聚一堂,在闭幕大会上举行隆重的颁奖仪式,庆贺来自世界各地的选手们在本届赛事中取得的好成绩。

闭幕大会通常在大学礼堂举行,有时也会安排在当地一个大型专用会议厅。例如第 25 届 IPhO 中国做东时,大轿车将全体客人送到富丽堂皇的北京国际会议中心,显得格外气派。中国学生和领队平时没有穿西服的习惯,但此时也得西装革履列队进入会场。

闭幕大会会场上一律有学生乐队表演,更增添了欢乐、喜庆的气氛。1994 年在中国,由北京大学附中学生组成的管乐队登台演奏,学生们的着装一律是绿白相间的制服,灯光下更是显得朝气蓬勃。1993 年在美国,由威廉斯堡大学学生组成的鼓乐队穿戴着中世纪欧洲宫廷卫队服饰登台表演,其中一名白胖白胖的男孩子(想必是低年级学生),胸前挂着一面大鼓的样子最令人注目,也最惹人喜爱。看来,无论哪一个国家、哪一个民族,对孩子都有着同样的爱。

最为隆重的是颁奖仪式。当组委会执行主席宣布颁奖开始时，全场掌声雷动，经久不息。按惯例，先为获表扬奖的选手颁奖，接着依次颁发铜牌奖、银牌奖和金牌奖。东道主常会邀请教育部门和物理学界的知名人士为学生授奖。颁奖分组进行，奖项越高，分组人数越少，最后是为个人第 1 金牌获得者（通常 1 名，偶尔会有 2 名并列）单独颁奖。执行主席在台上一侧读出一组名单，获奖选手便在掌声中从左侧台阶按顺序鱼贯而上，全体面向前方，颁奖者给他们一一挂上奖牌（表扬奖无奖牌），接着颁发证书和奖品，停留片刻，再次接受掌声祝贺。此时，领队们会举着照相机纷纷拥到台前，亮起一片闪光。前一组获奖者排着队全部从右侧台阶走下后，执行主席宣读下一组获奖名单。

当个人第 1 金牌获得者单独迈上讲台时，颁奖的气氛达到了高潮。从第 23 届 IPhO 开始直到第 27 届 IPhO 的赛事，中国队连续 5 届获得个人第 1 金牌奖，得主分别为：广东江门一中学生陈涵、湖北沙市三中学生张俊安、上海华东师范大学二附中学生杨亮、陕西西北工业大学附中学生於海涛和北京师范大学实验中学学生刘雨润。在北京，当时的国家教委主任朱开轩和中国科协主席朱光亚为杨亮颁奖；在威廉斯堡，3 位诺贝尔物理学奖获得者 Val Fitch、Leon Lederman 和 Jerome Friedman 为并列第 1 的张俊安和德国学生 Harald Pfeiffer 颁奖。当他们站立在领奖台上时，所有的领队、学生和来宾们都情不自禁地同时起立，为获奖者长时间地鼓掌祝贺。在这激动人心和庄严的时刻，中国队全体师生的心中涌起了强烈的民族自豪感和荣誉感。

回顾 8 年承担中国队的培训工作，人苍老了许多。回忆往事，掌声已退，留下的是对自己带过的这些好学生的怀恋。每当他们回国度假来看望我，师生间还会谈及当年颁奖时的种种情景。杨亮所得奖品是一个景泰蓝花瓶，当时他执意留给我作纪念。前些日子他来我家，抚摸着摆放在客厅中的这只花瓶，几年前那一段美好的时光又在他的脑海中闪现。为写这本书，我将很多老照片翻了出来，其中有一张是摄于 1993 年的王泰然、任宇翔和我在威廉-

玛丽学院校园的合影。1993年我们到那里参赛,而这两位1991年IPhO中国队的队员当时分别在美国纽约州立大学石溪分校和宾夕法尼亚大学读书,两人特意驾车数小时赶到赛地来看望。师生相聚两天,闲话当年在哈瓦那参赛的过程,往事历历在目,师生最留恋的是昔日朝夕相处的集训生活。看到自己的学生在悄悄地长大成人,而且如此重感情,真想把他们永远留在自己的身边。似乎有位文人曾说过:"写小说时要沏一杯浓茶帮助构思,写回忆时当准备一方手帕汲去泪水。"因此,即使是美好的回忆,也最好藏在心中。

中国代表队在历届IPhO赛事中的成绩都较好,1986~1996年的得奖情况列表如下。

1986~1996年IPhO中国队得奖一览表①

届次	队员	获奖等级	个人名次	团体排名	领队 观察员
第17届 1986年 英国 伦敦	林 晨(北京) 卫 星(四川) 张 明(安徽)	Ⅱ银牌 Ⅲ铜牌 表扬	9 21 33		领队 　　赵凯华 教学领队 　　陈熙谋
第18届 1987年 民主德国 耶拿	陈 恂(湖北) 黎锦晖(山东) 唐鹏飞(四川) 吴爱华(湖北) 张燕平(北京)	Ⅱ银牌 Ⅱ银牌 Ⅲ铜牌 Ⅲ铜牌 Ⅲ铜牌	4 并11 并29 并37 并37	3	领队 　　赵凯华 教学领队 　　陈秉乾 观察员 　　严隽珏

---

① 更多得奖情况,参见本书附录三。

续表

届次	队员	获奖等级	个人名次	团体排名	领队 观察员
第19届 1988年 奥地利 巴德· 伊谢尔	陈岩松(福建) 徐剑波(浙江) 陈 丰(江苏) 丁爱东(北京) 陈 建(北京)	Ⅰ金牌 Ⅱ银牌 Ⅱ银牌 Ⅲ铜牌 表扬	4 15 23 54 57	5	领队 　　赵凯华 教学领队 　　朱世嘉 观察员 　　励子伟
第20届 1989年 波兰 华沙	燕 京(北京) 毛 甬(浙江) 邱东昱(湖南) 葛 宁(陕西) 林晓帆(陕西)	Ⅱ银牌 Ⅱ银牌 Ⅱ银牌 Ⅱ银牌 Ⅲ铜牌	13 16 22 23 56	2	领队 　　朱世嘉 教学领队 　　舒幼生 观察员 　　黄裕民
第21届 1990年 荷兰 格罗宁根	吴明扬(陕西) 周 纲(浙江) 杨 巍(甘肃) 陈伯友(湖南) 段志勇(湖北)	Ⅰ金牌 Ⅰ金牌 Ⅱ银牌 Ⅲ铜牌 Ⅲ铜牌	并4 6 9 22 并33	2	领队 　　舒幼生 教学领队 　　朱世嘉 观察员 　　祁有龙
第22届 1991年 古巴 哈瓦那	王泰然(上海) 任宇翔(上海) 宣佩琦(浙江) 夏 磊(北京) 吕 强(天津)	Ⅰ金牌 Ⅰ金牌 Ⅰ金牌 Ⅰ金牌 Ⅰ金牌	4 5 9 11 12	1	领队 　　舒幼生 教学领队 　　龚镇雄 观察员 　　丛树桐
第23届 1992年 芬兰 赫尔辛基	陈 涵(广东) 李 翌(湖南) 石长春(河南) 张霖涛(湖北) 罗卫东(湖南)	Ⅰ金牌 Ⅰ金牌 Ⅰ金牌 Ⅰ金牌 Ⅰ金牌	1 3 4 7 并11	1	领队 　　舒幼生 教学领队 　　朱世嘉 观察员 　　王安华

续表

届次	队员	获奖等级	个人名次	团体排名	领队 观察员
第24届 1993年 美国 威廉斯堡	张俊安（湖北） 李林波（河南） 贾占峰（北京） 韦 韬（江苏） 黄稚宁（湖南）	Ⅰ金牌 Ⅰ金牌 Ⅱ银牌 Ⅱ银牌 Ⅲ铜牌	并1 3 19 30 49	2	领队 　　舒幼生 教学领队 　　丛树桐 观察员 　　沈克琦等
第25届 1994年 中国 北京	杨 亮（上海） 韩 岩（河南） 田 涛（四川） 饶京翔（北京） 黄 英（湖南）	Ⅰ金牌 Ⅰ金牌 Ⅰ金牌 Ⅰ金牌 Ⅱ银牌	1 2 4 6 7	1	领队 　　舒幼生 教学领队 　　朱世嘉 观察员 　　胡望雨
第26届 1995年 澳大利亚 堪培拉	於海涛（陕西） 毛蔚（女，江苏） 谢小林（上海） 倪 彬（湖南） 蒋 志（四川）	Ⅰ金牌 Ⅰ金牌 Ⅰ金牌 Ⅰ金牌 Ⅰ金牌	1 并2 并5 并5 并12	1	领队 　　舒幼生 教学领队 　　朱世嘉 观察员 　　赵升元
第27届 1996年 挪威 奥斯陆	刘雨润（北京） 张蕊（女，吉林） 徐开闻（江苏） 陈汇钢（上海） 倪 征（湖南）	Ⅰ金牌 Ⅰ金牌 Ⅰ金牌 Ⅰ金牌 Ⅰ金牌	1 2 4 并7 9	1	领队 　　舒幼生 教学领队 　　朱世嘉 观察员 　　赵升元 　　金嗣炤

1986年中国队第1次参赛，队员林晨即获得个人第9名的好成绩，只是由于当时是以个人第1名的积分计为100%的，获得一等奖的人数很少，林晨未能摘取金牌。在那一届竞赛中，我队人数不足，故未计及团体总分。第2次参赛时，队员陈恂获得个人第4名的更

好成绩(由于同样的原因,也未获金牌),而且团体总分名列第 3,在整体实力上,中国队明显地表现为国际物理奥林匹克中的一支强队。第 3 次在奥地利参赛时,福建师范大学附中学生陈岩松为中国队夺得了第 1 枚金牌,为中国学生赢得了更高的荣誉。在第 4 次参赛中,中国队首次赢得团体理论总分第 1,团体总分也进而上升为第 2 位。从第 5 次参赛起,中国队获得的金牌数开始增多。第 6、7 次的参赛成绩更为突出,10 名队员全获金牌,团体总分自然也为第 1。第 8 次的参赛成绩稍有下降,团体总分退居第 2,但随后 3 次参赛成绩又跃居第 1。

统计中国前 11 届参加 IPhO 的得奖情况,参赛队员共 53 人,获表扬奖 2 名、铜牌奖 9 名、银牌奖 13 名、金牌奖 29 名(其中获个人第 1 金牌奖 5 名)。

中国队的成绩尤其使亚洲人感到振奋,韩国、新加坡以及泰国队的领队每次赛后都一次又一次地向中国队表示祝贺。西方国家看重个人成绩,中国队连续 5 届摘取个人第 1 桂冠,在这些国家的物理学界产生了较大的反响。他们的物理学家在国际学术交流会议上为此向中国物理学会表示祝贺,称赞中国队了不起。

在历届 IPhO 赛事中,女选手甚少,得奖情况也不太理想。1995 年,毛蔚在澳大利亚以个人第 2 名的优异成绩为中国女学生也为世界女学生赢得了首枚金牌。1996 年张蕊又为女学生赢得了个人第 2 枚金牌,在奥斯陆颁奖时全场轰动。中国科技大学负责培训工作后,来自天津南开中学的队员刘媛,在 1998 年的第 29 届 IPhO 赛事中,再次为女学生摘取了金牌。她们的成功表明,物理学并非是男性垄断的学科,相信会有更多的女学生在未来的 IPhO 中继续取得好成绩。

参加 IPhO 学生的年龄不可超过 20 岁,但没有年龄下限。在美国的颁奖仪式上,澳大利亚代表队唯一的一块铜牌获得者竟然是一位年仅 11 岁的小选手。这个孩子有着深深的眼窝、大大的眼睛,满脸稚气,胸前挂着沉甸甸的大奖牌,可爱极了,赢得台上台下一片欢笑,这笑声表达了对物理学科后继有人的一种信念。

隆重的 IPhO 颁奖仪式过后,国际社会期盼着选手们继续努力,学有所成,以物理学为基础,在各自未来的事业中为人类科学技术的发展作出贡献。这不仅是对参加 IPhO 选手们的期盼,也是对所有物理学习优秀的中学生的期盼。在这里,我们谨引用 1988 年诺贝尔物理学奖获得者 Leon Lederman 在第 24 届 IPhO 颁奖仪式上的发言中的一句话,作为本书的结束语:

The true value of scientific knowledge is concealed in its future.
——科学知识的真正价值在于它的未来。

附录一 第 1~52 届 IPhO 的举办时间、地点及东道主

届次	时间(年)	地点	东道主
1	1967	华沙	波兰
2	1968	布达佩斯	匈牙利
3	1969	布尔诺	捷克斯洛伐克
4	1970	莫斯科	苏联
5	1971	索菲亚	保加利亚
6	1972	布加勒斯特	罗马尼亚
7	1974	华沙	波兰
8	1975	居斯特罗	德意志民主共和国
9	1976	布达佩斯	匈牙利
10	1977	赫拉德坎·克拉洛韦	捷克斯洛伐克
11	1979	莫斯科	苏联
12	1981	瓦尔纳	保加利亚
13	1982	马伦特	德意志联邦共和国
14	1983	布加勒斯特	罗马尼亚
15	1984	锡格蒂纳	瑞典
16	1985	波尔托罗	南斯拉夫
17	1986	伦敦	英国
18	1987	耶拿	德国
19	1988	巴德·伊谢尔	奥地利
20	1989	华沙	波兰

续表

届次	时间(年)	地点	东道主
21	1990	格罗宁根	荷兰
22	1991	哈瓦那	古巴
23	1992	赫尔辛基	芬兰
24	1993	威廉斯堡	美国
25	1994	北京	中国
26	1995	堪培拉	澳大利亚
27	1996	奥斯陆	挪威
28	1997	萨德伯里	加拿大
29	1998	雷克雅未克	冰岛
30	1999	帕多瓦	意大利
31	2000	莱斯特	英国
32	2001	安塔利亚	土耳其
33	2002	巴厘	印度尼西亚
34	2003	台湾	中国台湾
35	2004	浦项	韩国
36	2005	萨拉曼卡	西班牙
37	2006	新加坡	新加坡
38	2007	伊斯法罕	伊朗
39	2008	河内	越南
40	2009	梅里达	墨西哥
41	2010	萨格勒布	克罗地亚
42	2011	曼谷	泰国
43	2012	塔林和塔尔图	爱沙尼亚
44	2013	哥本哈根	丹麦
45	2014	阿斯塔那	哈萨克斯坦

附录一　第 1~52 届 IPhO 的举办时间、地点及东道主

续表

届次	时间(年)	地点	东道主
46	2015	孟买	印度
47	2016	苏黎世	瑞士
48	2017	日惹	印度尼西亚
49	2018	里斯本	葡萄牙
50	2019	特拉维夫	以色列
IdPhO①	2020	各地分考场	—
51	2021	各地分考场	立陶宛
52	2022	各地分考场	瑞士

---

① 2020 年受世界范围的新冠疫情影响,原定的 51 届 IPhO 竞赛推迟,而由 IPhO 顾问委员会资助,举办了 IdPhO(国际分布式物理奥林匹克),采取分散各地举行竞赛的形式。

附录二 历届 CPhO 简介

届次	预赛		决赛		
	时　间	参赛人数	时　间	地　点	参赛人数
1	1984 年 11 月 18 日	43079	1985 年 2 月 26 日至 3 月 2 日	北京	76
2	1985 年 1 月 26 日	52925	1986 年 4 月 1 日至 5 日	上海	104
3	1986 年 11 月 16 日	58766	1987 年 2 月 22 日至 25 日	天津	105
4	1987 年 10 月 25 日	57523	1988 年 1 月 6 日至 10 日	兰州	101
5	1988 年 10 月 23 日	55855	1989 年 1 月 6 日至 10 日	广州	106
6	1989 年 10 月 8 日	53096	1989 年 12 月 10 日至 14 日	长春	127
7	1990 年 10 月 21 日	54393	1990 年 12 月 23 日至 27 日	福州	105
8	1991 年 6 月 30 日	73806	1991 年 9 月 8 日至 13 日	桂林、南宁	104
9	1992 年 9 月 6 日	60617	1992 年 10 月 12 日至 15 日	合肥	101
10	1993 年 9 月 5 日	46843	1993 年 10 月 8 日至 11 日	长沙	105

续表

届次	预赛		决赛		
	时间	参赛人数	时间	地点	参赛人数
11	1994年9月4日	65146	1994年10月9日至12日	西安	109
12	1995年9月3日	55867	1995年10月8日至11日	太原	112
13	1996年9月8日	86173	1996年10月19日至22日	杭州	114
14	1997年9月8日	90067	1997年10月18日至22日	南昌	118
15	1998年9月6日	134599	1998年10月21日至25日	大庆	121
16	1999年9月5日	169282	1999年10月16日至21日	南京	126
17	2000年9月3日	225683	2000年10月21日至25日	武汉	143
18	2001年9月9日	267363	2001年10月20日至24日	海口	145
19	2002年9月8日	322043	2002年10月19日至23日	郑州	146
20	2003年9月7日	359835	2003年10月18日至22日	济南	170
21	2004年9月5日	328134	2004年10月16日至20日	重庆	173

续表

届次	预赛		决赛		
	时间	参赛人数	时间	地点	参赛人数
22	2005年9月4日	363139	2005年10月15日至19日	沈阳	167
23	2006年9月2日	426673	2006年11月4日至9日	深圳	173
24	2007年9月2日	411350	2007年11月3日至8日	宁波	177
25	2008年9月7日	452967	2008年10月18日至23日	北京	210
26	2009年9月6日	437840	2009年10月31日至11月5日	上海	280
27	2010年9月5日	443327	2010年10月30日至11月4日	厦门	280
28	2011年9月4日	484301	2011年10月29日至11月3日	西安	280
29	2012年9月8日	485193	2012年11月1日至8日	吉林	279
30	2013年9月8日	474345	2013年10月26日至31日	大连	320
31	2014年9月8日	521322	2014年11月1日至6日	杭州	360
32	2015年9月5日	559475	2015年10月31日至11月5日	长沙	360

续表

届次	预赛		决赛		
	时间	参赛人数	时间	地点	参赛人数
33	2016 年 9 月 3 日	626370	2016 年 10 月 29 日至 11 月 3 日	武汉、黄冈	360
34	2017 年 9 月 2 日	714948	2017 年 10 月 28 日至 11 月 2 日	重庆	364
35	2018 年 9 月 8 日	880179	2018 年 10 月 27 日至 11 月 1 日	上海	365
36	2019 年(各省自行组织)	357426	2019 年 10 月 26 日至 31 日	杭州	370
37	2020 年 9 月 5 日	659810	2020 年 10 月 24 日至 29 日	长沙	365
38	2021 年 9 月 4 日	880351	2021 年 12 月 12 日至 16 日	分省进行	483
39	2022 年 9 月 3 日	1049396	2022 年 10 月 29 日至 11 月 7 日	分省进行	550
合计		12889507			8254

附录三 IPhO 中国队得奖一览表

届次	时间（年）	地点	参赛学生姓名	获奖数据				
				金牌	银牌	铜牌	表扬奖	合计
17	1986	英国伦敦	林晨、卫星、张明		1	1	1	3
18	1987	德国耶拿	陈恂、黎锦晖、唐鹏飞、吴爱华、张燕平		2	3		5
19	1988	奥地利巴德·伊谢尔	陈岩松、徐剑波、陈丰、丁爱东、陈建	1	2	1	1	5
20	1989	波兰华沙	燕京、毛甬、邱东昱、葛宁、林晓帆		4	1		5
21	1990	荷兰格罗宁根	吴明扬、周纲、杨巍、陈伯友、段志勇	2	1	2		5
22	1991	古巴哈瓦那	王泰然、任宇翔、宣佩琦、夏磊、吕强	5				5
23	1992	芬兰赫尔辛基	陈涵、李翌、石长春、张霖涛、罗卫东	5				5
24	1993	美国威廉斯堡	张俊安、李林波、贾占峰、韦韬、黄稚宁	2	2	1		5
25	1994	中国北京	杨亮、韩岩、田涛、饶京翔、黄英	4	1			5
26	1995	澳大利亚堪培拉	於海涛、毛蔚（女）、谢小林、倪彬、蒋志	5				5

续表

届次	时间(年)	地　点	参赛学生姓名	获奖数据				
				金牌	银牌	铜牌	表扬奖	合计
27	1996	挪威奥斯陆	刘雨润、张蕊(女)、徐开闻、陈汇钢、倪征	5				5
28	1997	加拿大萨德伯里	赖柯吉、王晨扬、连乔、王新元、倪欣来	3	2			5
29	1998	冰岛雷克雅未克	邓志峰、陈宇翱、刘媛(女)、吴欣安、李啸峰	5				5
30	1999	意大利帕多瓦	蒋良、季焘、段学峰、贾珣、张志鹏	2	3			5
31	2000	英国莱斯特	吕莹、陈晓升、宋均亮、张弛、肖晶	5				5
32	2001	土耳其安塔利亚	施陈博、戚扬、刘彦、魏铁旻、吴彬	4	1			5
33	2002	印度尼西亚巴厘	樊向军、杨桓、顾春辉、陈阳、高俊	4	1			5
34	2003	中国台湾	—					
35	2004	韩国浦项	李真、缪亚立、施烨明、郎瑞田、高亢	5				5
36	2005	西班牙萨拉曼卡	戴明劼、余江雷、李晗晗、李安、黄武杰	5				5
37	2006	新加坡	杨硕龙、王星泽、朱力、张鸿凯、裴东斐	5				5

续表

届次	时间（年）	地点	参赛学生姓名	获奖数据				
				金牌	银牌	铜牌	表扬奖	合计
38	2007	伊朗伊斯法罕	彭星月、胡嘉仲、钱秉玺、简超明、李骜西	4	1			5
39	2008	越南河内	谭隆志、廉骉、周权、贺卓然、毕震	5				5
40	2009	墨西哥梅里达	史寒朵（女）、林倩（女）、雷进、熊照熙、管紫轩	5				5
41	2010	克罗地亚萨格勒布	俞颐超、吴俊东、于乾、靖礼、张涌良	5				5
42	2011	泰国曼谷	李蓝青、向重远、易可欣、王逸飞、杨帆	5				5
43	2012	爱沙尼亚塔林和塔尔图	周恒昀、姜一君、舒驰、卫斯远、黄文卓	5				5
44	2013	丹麦哥本哈根	张成锴、张正兴、于跃、王思真、蒋嘉麒	5				5
45	2014	哈萨克斯坦阿斯塔那	胥晓宇、郭浩宇、石子金、戴嘉为、李嘉宇	5				5
46	2015	印度孟买	赵靖宇、潘登、张晨星、王心宇、祝令邦	5				5
47	2016	瑞士苏黎世	栾弘义、王子豪、陈宇翔、毛晨恺、王威	5				5
48	2017	印度尼西亚日惹	洪千坦、高昊阳、王准、郑希诠、汪品源	5				5

续表

届次	时间（年）	地 点	参赛学生姓名	获奖数据				
				金牌	银牌	铜牌	表扬奖	合计
49	2018	葡萄牙里斯本	杨天骅、陈世祺、薛泽洋、李星桥、董泽昊	5				5
50	2019	以色列特拉维夫	孙向恺、孙毅凡、贡晓荀、李永康、陈俊豪	5				5
IdPhO①	2020	分考场：中国北京	张意飞、孙睿、李世昌、韩永琰、欧阳霄宇	5				5
51	2021	分考场：中国北京	马英豪、简铭、李亨、史景喆、张致涵	5				5
52	2022	分考场：中国北京	徐国玮、杨明轩、刘子睿、黎千诚、任雨奇	5				5
累计				146	21	9	2	178

① 见 153 页注。